12万人を指導した
“カリスマ講師”が教える

“売れっ子講師”になる112の秘訣

「稼ぐ講師」を目指すと、「イマイチ講師」になる理由

トゥ・ビー・コンサルティング（株）
代表取締役 潮田 、滋彦

はじめに

数ある本の中から『12万人を指導した〝カリスマ講師〟が教える〝売れっ子講師〟になる112の秘訣』を手に取ってくださり、ありがとうございます。

この本は、**「第一線の講師として、長く活躍できる」力を身につける**ことを目的としています。内容としては、次の人たちのお役に立てると思います。

・プロとして独立して研修・セミナーを実施することを目指している人
・すでに独立しているが、まだまだ自信のない講師
・社内で研修の一コマを担当する講師（例えば、福利厚生について新入社員に1時間程度の講義をする、など）
・講師ではないが、部下指導や職場での勉強会の講師を担当する人

実は、講師の考え方やスキルは、すべてのビジネスパーソンの役に立つのです。

さらには、**企業や自治体（以下は「企業」で統一します）の人材開発の担当者にも大いに役に立つ**と思いますので、ぜひ読んでほしいです。

さて、講師はそもそも、お客様から選ばれて（依頼されて）講師として登壇します。

そう、講師は「選ばれる」存在です。「商品」と言いかえてもいいと思います。

ですから、「売れっ子講師」になるには、まずは**商品として魅力がなければなりません**。では、自分が「魅力ある商品」となるには、何が必要なのでしょうか？

ポイントは、**「本物の講師」になること**です。次の内容をもとに、考えてみましょう。

巷にあふれる10の「なんちゃって講師」

「本物の講師」について考えるにあたって、**「本物ではない講師」とはどのような人か**を描いてみましょう。思い当たる講師はいませんか？

私の講師としての活動は27年間になりますが、前半は企業内の人材開発部門において、講師活動と同時に研修企画や事務局（時には研修営業）もおこなってきました。

ここでは、私が現実に見てきた本物でない講師像を**「なんちゃって講師」**として、10のパターンに整理してみました。

①聞きかじり講師

本やネットの情報、他の講師が話していたことをそのまま鵜呑みにして話す講師です。根拠が不明確なまま話すので、「○○だと言われています」や「ある人から聞いた話なんですけど・・・」などと話すことになります。

この状態が望ましくないことは、私の前著『"思考停止人生"から卒業するための個人授業』（ごま書房新社）に詳しく書いています。

例えば、間違った話がまかり通っている「アルバート・メラビアンの法則」や「ダーウィンの進化論」などを取り上げていますので、ぜひお読みになってみてください。メラビアンの法則を何の注釈もなくコミュニケーションの法則として使っている講師は、この「聞きかじり講師」ですね。

「聞きかじり講師」は、**話が表面的**です。自分の頭できちんと考えていないので、質問をされても**適切な受け答えができない**ことが多く、結果として質疑応答を恐れる傾向があります。

また、中にはオリジナルの話を都合のいいように改変（時には誤解）して、作り替えてしまっている人もいます。その話を聞いた受講者がそれを他人に伝えたとすると・・・、間違った話が伝言ゲームのように広まっていってしまうのです。多くの場合、「聞きかじり講師」たちは、自分がしている罪の大きさに気づいていません。

②上から目線講師

ビジネスパーソンとして圧倒的に優れた結果を出した講師にありがちなスタンスです。講師に自信は必要ですが、それが行き過ぎると「上から目線」になってしまいます。

「教えてあげる」という姿勢になりがちなので、受講者が話に乗ってこないと急に怒り出したりします。「今日の受講者はなってないな！」「今回はダメだな！」などと発言します。受講者が乗ってこないのは、自分の伝え方に課題があるのかもしれないことに気がつかないのです。自分は教える立場・絶対であって、受講者から学ぶことなどないと考えてしまうからです。でも、そんなことはありませんよね。

また、「上から目線講師」は、**お客様の企業に対して失礼な発言をする**こともあります。例えば、その企業の社長の言動を否定してしまったり、(そんなつもりはなくても)休憩時間に見かけた受講者や他の社員をネガティブなネタで取り上げ、結果として企業の従業員を貶める言動をしたりします。

③揉み手講師

駆け出しの講師に見られる状況です。

「受講者から気に入られよう」という意識が強く出てしまい、受講者のご機嫌を取ることに意識がいってしまいます。また、お手柔らかにしてほしいという意識から、受講者に「私はまだ講師として駆け出しで・・・」などと言い訳を言ってしまいます。

ご機嫌取りからは恣意的《しいてき》な意図、言い訳からは自信のなさが受講者に伝わってしまい、結果として**気持ちよく学べる環境を阻害**してしまいます。

④あいまい・ブツ切り講師

これもかけ出しの講師に多く見られますが、実はベテランにも多くいます。

自分自身でプログラムをしっかりと組み立てられない講師の多くは、このパターンにはまりがちです。**講座内の各内容がブツ切りで、しっかりとつながっていない状況**が起こります。

例えば、第1章と第2章の各セッションの内容がつながらず、「それはそれ、これはこれ」の状態になってしまいます。話すネタが少なすぎ（あるいは多すぎ）、受講者にブツ切り感や混乱を与えます。

また、**ワークや討議などの段取りや落としどころ（着地点やゴール）があいまいで、期待通りの成果を生み出すことができません。**これでは受講者にしっかりと気づきやメッセージを持ち帰ってもらうことができません。

⑤フィーリング講師

人間は「感情」の動物ですが、**感情に振りまわされてはいけません。**感情はある程度乗っていると魅力的な話になりますが、乗りすぎると逆効果です。そのことに気がついていません。逆に、気分が乗らなければ白けた話し方になってしまいます。また、すぐにカチンとしてしまい、受講者とけんかをしてしまったり、段取り通りにうまくいかなくなると、オロオロしたりします。

さらに、**自己のコントロールが甘いため、極度にあがって頭が真っ白になってしまい、結局何を話しているのかがわからなくなってしまう**のです。

⑥ボソボソ講師

受講者を見ずに、資料やパソコン、スクリーンに向かって話してしまい、何を話しているのかが伝わりません。**声のエネルギーが受講者に向いていません。**

このような講師の多くは、**スクリーンに投影する情報量も多くなりがち**です。パワーポイントの文字も小さくて遠くから読めません。結局、何をどう見たらよいのかがよくわからず、**退屈です。**

また、プレゼン能力が低いので、演台から離れることができません。発声や滑舌のトレーニングもしておらず、意識もしていないので、グチャグチャと話して聴き手に大きな負担をかけてしまいます。結果として**受講者の集中力が切れ、居眠りする場と化してしまいます。**

⑦やらされ講師

これは会社内で「講師のプロではない人」が講義をするときにありがちです。

「上司から話すように言われた」、「ほかにこのテーマについて話せる人がいないので仕方なく」「自分は講師のプロではないので、うまく話せないと思いますが・・・」など、言い訳のオンパレードです。**講義をすることが本職ではないことを言い訳にして、ネガティブな内容を多く発言します。**

しかしそのことが**研修の「前向きに学ぶ環境」を壊していることに気がついていま**

せん。講師の影響の大きさに気がついていないのです。

⑧キャラだけ講師

「講師としての個性（キャラ）が立っていること」と、「研修効果」との間に相関関係はありません。かえってマイナスになる場合も多くあります。しかし、キャラが立っていれば、研修が楽しく効果的に進むと信じている人も少なくありません。

そんなことはありませんよね。**キャラが邪魔になって、かえって受講者の学ぶ姿勢をそいでしまう**人もいるわけです。キャラが「気になるクセ」になってしまい、そちらに意識が行ってしまえば、肝心なメッセージも届かなくなります。

また、「キャラが立つこと＝カリスマ」と勘違いしている人もいます。講師として生き残るための戦略の一つとして「特徴を出そう」とする意図はわからなくはありませんが、本末転倒ですね。**本物の講師にキャラなどいらない**のです。その理由は明確です。本編でお話ししましょう。

⑨瞬間風速講師

自分の圧倒的な成果を堂々と話したくなる気持ちはわからなくはありませんが、一方的な自慢で終わってしまい、受講者にとっての学びに結びつかないことが多くあります。また、短期的に（瞬間風速的に）圧倒的な成果を出したことを売り物にしている講師もいますが、そのようなノウハウは、**人生を生き抜くうえで必要になる「普遍的な学び」に結びつきません。**

「瞬間的な圧倒的な成果」は、それはそれで素晴らしいものです。しかし、その状況をいかに続けるか、**地に足をつけて伝えることこそ**、価値があります。

⑩頭でっかち講師

努力家・勉強家の「意識高い系」の人が陥りがちな講師像です。コンサル系の講師にも多い傾向があります。いろいろなものごとを知っているがゆえに、**相手の理解を確かめずに専門用語や外来語ばかりを使いたがります。**もちろん、専門用語や外来語を使ってはいけないわけではありませんが、聞き手の負担など全く考えずに話してしまうことが問題なのです。

多くの場合、知っていて当たり前、わかっていて当たり前という「自分の当たり前」が優先され、**聞き手に対する配慮が足りなくなりがち**です。結果として、講義の内容自体は素晴らしくても、受講者がついてこれない研修・セミナーになってしまいます。

いかがでしょうか。このような「なんちゃって講師」の根本にあるもの、それは**「研修の本質を取り違えている」こと**です。

もう、お分かりですね。この本は、もしあなたが会社の研修担当者であれば、**目の前の講師が「本当にあなたの会社の役に立つ講師か」を見分けるためのポイントとして活用**することもできるかと思います。

結果として、講師の実績や表情、言葉に惑わされることなく、「この人は本当に当社や受講者のことを考えているか」で講師を見ることができるようになると思います。

打ち上げ花火のように一時的に輝く講師はたくさんいます。あなたが「講師」を目指している場合、**息長く継続的に第一線で活躍できる講師になるために、何が必要かをぜひ受け止めてみてください。それが本当に「売れる」ということなのです。**

「稼ぐ講師」を目指してしまうと、成長がとまってしまいがちになり、講師としての**「価値」や「魅力」は失われます。**結果として**人気も稼ぎもない「イマイチ講師」**になってしまうのです。本書では、その理由についても考えていきます。

この本は、私が体験してきたことを中心に書いていますが、それをただ「なるほど!」とわかったつもりになっただけでは、他人の知恵でしかありません。**他人の知恵は一時的にしか役に立ちません。なぜなら、状況が変わった時に対応できないからです。**

だからこそ、「では自分はどうするか」を自分自身で考えていくことで、本当にあなたが長いスパンで活躍できる力が身につくのです。

本の中では、そのような「習慣化」のためのワークもおこなっていきましょう。

講師として成長することは、**人としての成長**にもつながっていきます。**人材育成に携わることは、大いに意義のあること**です。

この本は、あなたが「なんちゃって講師」から卒業して、**ずっと輝いた存在として活躍**されるためのバイブルとなることをお約束いたします。

潮田、滋彦

目次

はじめに……2

第1部："売れっ子講師"準備編

第1章：セミナーや研修の「本質」を理解しよう！
～「売れっ子講師」と「イマイチ講師」の大きな違い～

1 研修の主役は「受講者」。そのことを「徹底」できていますか？……24
2 ありがちな教育部門や講師の「研修ぶち壊し行為」……31
3 講師にとっての「4つのお客様」……37
4 「受講者を主役にする」を実践する会場レイアウト……44
5 「稼ぐ講師は目指すな！」その理由は… ……53
【コラム①】講師って緊張しないの？……59

第2章：あなた自身のクリアリングをしよう！
～ジリ貧の原因を探れば、"売れっ子"への道が開ける～

1 あなたは他人にはなれない……62
2 あなたの「ゴール」は何か？……71
3 自分を立体的に分析してみよう① 過去からのメッセージ……77
4 自分を立体的に分析してみよう② 強みと成長課題……81

5 講師としての自分に求められる「人間力」とは？……86
【コラム②】講師って笑いを取らなきゃならないんでしょう？……93

第2部：”売れっ子講師“現場・実践編

第3章：本物の講師力① 場づくり力
～”想い“だけでは人は動かない～

1 使えるネタに単純に飛びつくと「信用を失う」……100
2 人はどのような時、「意欲的に学ぶ」のか？……106
3 「記憶に残す」ために、他にもできることがある……115
4 「テーマとつなげて話す力」を磨こう……124
5 意図や目的を持った資料作成をしよう……129
【コラム③】”感情“と”ロジカル“。このバランスで講師の評価は一変する……137

第4章：本物の講師力② 事前準備と状況対応力
～研修を成功に導く「ビフォア」と「イン」の法則～

1 ネタの用意のしかた……142
2 状況対応力を磨くとこんなに良いことがある！……147
3 原稿（台本）を作りこむほど失敗が増える罠……155

4 講師は「色」がないほうが効果的……158
5 「腕組み講師」は選ぶな……162
【コラム④】私が体験した数々のトラブル録……167

第3部："売れっ子講師"飛躍編

第5章：講師としてのグラウンディング
～さぁ、"売れっ子講師"のステージへ駆け上がろう～

1 販路を考える
～エージェントの探し方、講師料～……174
2 講師のステージを一つ上がるために
どういう講師がエージェントから選ばれ続けるのか？……179
3 "井の中の蛙""勘違い講師"にならないために
～自分を高める集団に入ろう～……186
4 「なんちゃって講師」卒業計画
～"売れっ子講師"になる日へのスケジューリング～……190

あとがき……195

「"売れっ子講師"になる112の秘訣」一覧

秘訣1	主催者の歓迎に舞い上がってはいけない。 主催者の歓迎は、私たちの「役割」に対するものである。	1章 1
秘訣2	講師として地に足のついた活動をおこない、徹底的に受講者を主役にすることが求められている。	1章 1
秘訣3	「本物の講師」には、6つの力が求められる。 まずは、自分の力を客観的に見つめてみよう。	1章 1
秘訣4	言葉だけで「わかったような気」にならないこと。 どれくらいのレベルで実践できているかが重要である。	1章 1
秘訣5	主催者の言動は、受講者の学びと直結することを意識する。	1章 2
秘訣6	開講挨拶で伝えてほしいことを事前にリクエストしよう。	1章 2
秘訣7	主催者を現場で巻き込むと、リピート率が高まる。	1章 2
秘訣8	受講者が聞く最後の言葉をコントロールしよう。	1章 2

秘訣9	研修受講者に関する事前情報は大切だが、それを鵜呑みにしてはいけない。	1章 3
秘訣10	受講者の上司の存在はブラックボックスである。 上司の意識次第で、受講者のマインドが変わってしまう。	1章 3
秘訣11	受講者の上司を研修に対して「好意的な存在」として巻き込むことが重要である。	1章 3
秘訣12	常に4つのお客様の満足を配慮して行動しよう。 そのためには、研修現場での臨機応変な進行が求められる。	1章 3
秘訣13	受講者全員が主体的に話せる人数編成にしよう。 グループ人数は6名では多すぎる。	1章 4
秘訣14	場のエネルギーを高めるために、コンパクトな会場設営にしよう。	1章 4
秘訣15	ホワイトボードを意図的にファシリテーション（講師の進行）や会場づくりに活用しよう。	1章 4
秘訣16	講師の目的意識や意図の有無が現実の研修品質を大きく左右する。	1章 4
秘訣17	稼ぐことを第一の目的にすると、成功が長続きしなくなる。	1章 5
秘訣18	人は自分と同質の人のところに集まる。 一度、あなたの周りの人々を見つめてみよう。	1章 5
秘訣19	焦らずに、地に足をつけて、長いスパンで成長を目指そう。 それが結果として、長く輝ける人につながる。	1章 5
秘訣20	「売れっ子講師」という状態は、地道に努力した結果として手に入るもので、最初から目指すものではない。	1章 5
秘訣21	上手に呼吸をコントロールすれば、地に足をつけて話すことができるようになる。	1章 コラム①
秘訣22	自分の伝えたい情報やメッセージを相手にプレゼントすることに意識を集中しよう。	1章 コラム①
秘訣23	講師は、自分自身であることが大事。 他人のモデリングをするだけでは、説得力を持たない。	2章 1
秘訣24	楽をして成功したとしても、それは長続きしない。 どんな環境でも対応できる知恵を生み出す力を身につけよう。	2章 1
秘訣25	講師が自分らしく輝くためには、学んだノウハウを自分に合わせて応用する力が重要である。	2章 1
秘訣26	自分に合わせて学ぶためには、「ものごとの本質をつかみ」「自分を謙虚に見つめ」「自分の現実に適応」してみよう。	2章 1
秘訣27	物事の本質をつかめばノウハウを応用できる。 そのためには、ノウハウの成功要因をしっかりつかむようにしよう。	2章 1
秘訣28	自分を謙虚に見つめてみよう。 そのためには、すべての人やものごとから学ぶスタンスが大切である。	2章 1
秘訣29	学んだノウハウは自分の現実で活用・実行してみることで、はじめて説得力を持って語れるようになる。	2章 1
秘訣30	人生の目的やゴールから生きている人とそうでない人は、言動の質が全く違うことを知ろう。	2章 2
秘訣31	個人の成功のさらに上にある思いを持っているか、社会的存在としての自分を考えよう。	2章 2
秘訣32	壮大な目的・ビジョンだけでもうまくいかない。 地に足をつけて行動することが、目的達成につながっていく。	2章 2
秘訣33	あなたが人材開発部門に望んで来ようとそうでなかろうと、人の役に立つことを通せば、自分は自然と成長する。	2章 2

秘訣34	目の前のことだけを懸命におこなっていると、自分の過去の財産（リソース）に気づけなくなる。	2章 3
秘訣35	人はできることよりもできないことにフォーカスしがち。 過去の体験も、うまくいかなかったことを中心に思い出してしまう。	2章 3
秘訣36	失敗も成功も、努力した体験も努力しなかった体験も、あなたの過去のどんな経験も、講義において財産になる。	2章 3
秘訣37	「強み」の項目は、意識して活用して磨くことで、「本物の強み」として輝かせることができる。	2章 4
秘訣38	「強み」は「できて当たり前」と思われがち。 だからこそ、強みを輝かせることに価値がある。	2章 4
秘訣39	講師の仕事は、私たちの「人間力」を磨く素晴らしいトレーニングの場になる。	2章 5
秘訣40	講師の人間力の有無は、参加者の一生にかかわることもある。	2章 5
秘訣41	人間力とは、「人間としての器の大きさ」である。 日々、人間としての器を大きくすることを意識しよう。	2章 5
秘訣42	受講者から好かれることを目指すのではなく、受講者を受け入れることが、受講者の学習を促進する。	2章 5
秘訣43	ポジティブな人間力のサイクルを回すことで、受講者の強い成長意欲を引き出すことができる。	2章 5
秘訣44	人間力の高い自分を想像してみよう。 人は、想像できることは実現できるのだから。	2章 5
秘訣45	「研修屋」ではなく、講師としての「使命」から生きていこう。	2章 5
秘訣46	参加型のプログラムにすることで、結果的に「面白い研修」になる。	2章 コラム②
秘訣47	ジョークを言うときは、「ネガティブな笑いは取らない」「内輪向けのジョークは言わない」ことを心がけると良い。	2章 コラム②
秘訣48	可能な限り、データや学説のオリジナルにまで遡って調べてみよう。 その作業が、自分の情報収集力を高めてくれる。	3章 1
秘訣49	データや学説の信頼性を調べるときは、思いこみを捨てることが大切である。	3章 1
秘訣50	世の中のデータや学説に対し、講師自身の体験談を入れるかどうかはそれが聴き手にとって価値を生むかどうかで決めるべきである。	3章 1
秘訣51	ブログや本で発信されている情報は、しっかり検証し、自分のものにしてから活用しよう。	3章 1
秘訣52	研修においては、自ら体感し、相互に刺激し合える「参加型プログラム」が学びに対するモチベーションを引き出しやすい。	3章 2
秘訣53	人が学ぶ際の「記憶」に意識を向けることは重要である。 したがって、学習定着率のデータから学べることは多い。	3章 2
秘訣54	「一方的な講義」や「資料を読ませる」だけでは、学習効果が低い。 このような教え方をしていないだろうか？	3章 2
秘訣55	受講者の参加度の高いものほど、記憶の定着率が高くなる。 よって、一方的な講義だけでなく、参加型の要素を入れよう。	3章 2
秘訣56	ほんの1～2分間の討議でも効果的。 工夫次第で、研修を参加型にすることができる。	3章 2
秘訣57	Teach Othersを研修に取り入れることもできる。 最後に受講者相互で教え合う環境を作ってみよう。	3章 2

秘訣58	ワークを実施する際は、しっかりと段取りをシミュレーションしよう。 決して、興味本位だけで導入しないように。	3章 2
秘訣59	仕事のシミュレーションができない人は仕事ができない。 講師も全く同じであることを知っておこう。	3章 2
秘訣60	「学習定着率」が低めの教え方でも、工夫次第で受講者の積極的な行動を引き出すことができる。	3章 3
秘訣61	昔の自慢話を長く話すことは、受講者の興味を失って逆効果になりやすい。	3章 3
秘訣62	受講者の共感を得ることで、印象に残すことが出来る。 その道の先輩としての講師の体験談はインパクトが大きい。	3章 3
秘訣63	受講者の体験に関する情報を事前に事務局に聞き出しておいたり、受講者どうしの会話を上手に活用して、共感を得ることもできる。	3章 3
秘訣64	受講者の興味を惹きつけてしっかりと聞いてもらうために、あきらめずに「間」の取り方やメリハリ（変化）のつけ方を練習しよう。	3章 3
秘訣65	講師の話すスピードと受講者のメモを取るスピードの違いを意識して伝えよう。 一度伝えただけでは、ほとんどメモが取れない。	3章 3
秘訣66	質問を事前にしっかりと練っておき、受講者の問題意識を高めよう。 受講者個人で考えてもらうことにも大きな価値がある。	3章 3
秘訣67	ただ資料を読ませるだけでは印象に残らない。 受講者の手を動かして「強調」することで印象に残すようにしよう。	3章 3
秘訣68	ビデオ教材を見た後には、そのあとにグループ討議を組み合わせると効果的である。	3章 3
秘訣69	自分の講師スタイルは、受講者の考える力を引き出しているか、思考停止人材を育てているかをしっかり見つめてみよう！	3章 3
秘訣70	複数のセッションのつながり感をしっかりと持たせて講義をしよう。	3章 4
秘訣71	「ミクロの目」と「マクロの目」、そして「全体の流れ」を意識してカリキュラムを見ることで、つながり感のある講義をすることができる。	3章 4
秘訣72	実際に「つながり図」を作ってみよう。 作成しているうちに、キーメッセージなども浮かび上がってくる。	3章 4
秘訣73	「つながり図」をしっかり作ることで、研修が深くなり、一貫性が出る。	3章 4
秘訣74	テキストや配付資料は、すべて目的から設計する。 どのようなスタイルで作成するかは、メリットとデメリットから使い分けよう。	3章 5
秘訣75	「教科書スタイル」は体系的学習に向いており、「レジメスタイル」は研修を体験型にして進行するのに向いている。	3章 5
秘訣76	「冊子スタイル」は効率が良く進行ができ、「都度配付スタイル」は臨機応変に受講者の様子を見ながら進行することができる。	3章 5
秘訣77	「テキストの固定化」は効率が良く準備ができ、「モジュール化」は顧客の要望に合わせて柔軟に対応することができる。	3章 5
秘訣78	講師は自分の説明を十分だと思ってはいけない。 自分では気付かなかった改善点を受講者が教えてくれる。	3章 コラム③

秘訣79	「なぜなら」「だから」「そこで」などの言葉を使って説明をすることで、ロジカルに伝えやすくなる。	3章 コラム③
秘訣80	ロジカルに納得できただけでは人は動かない。 同時に感情に訴えかけて、受講者の背中を教えてあげよう。	3章 コラム③
秘訣81	事例は何となく話してしまうと狙い通りに話せなくなる。 「本質」をしっかりとつかんで、効果的に話せるように準備しよう。	4章 1
秘訣82	日頃の問題意識がなければ、ネタは探せない。 また、ニュースから学びを得る気持ちもネタ探しに役立つ。	4章 1
秘訣83	お客様の企業内における取組や問題意識を知っておこう。 そのほうが、リアリティのある研修になる。	4章 1
秘訣84	教卓にいるだけではわからない生の情報を得るために、受講者の中に入って講義をしてみよう。	4章 2
秘訣85	生の情報は、「視覚」「聴覚」「身体感覚」を意識して収集しよう。	4章 2
秘訣86	受講者の手元を見て、何をどの程度、どのレベルで書けているかの現実をつかもう。	4章 2
秘訣87	討議中の会話に耳を傾け、討議の質を確認しよう。 そして受講者間の私語にもたくさんのヒントが隠されている。	4章 2
秘訣88	受講者の雰囲気をしっかりと感じ取って、臨機応変な進行に活かしていこう。	4章 2
秘訣89	想定外の出来事は必ず起こる。 逆にチャンスだと思って、その場で活かそう。	4章 2
秘訣90	「ここから私（私たち）が学べることは何か？」という質問を日々意識して過ごすことで、想定外のことも自分のリソースにできる。	4章 2
秘訣91	完璧な講義原稿を作ってしまうと、臨機応変に対応できなくなる。	4章 3
秘訣92	良い原稿を書けば書くほど、原稿が主役になってしまい、受講者が学べる環境でなくなってしまう。	4章 3
秘訣93	原稿を使うのはリハーサルのみとして、本番では原稿を手放してみよう。	4章 3
秘訣94	段取りを箇条書きで整理する程度の「レッスンプラン」も効果的。	4章 3
秘訣95	受講者の「現実に活用できる情報提供」と「行動の後押し」。 改めて「講師の役割」に立ち返ってみよう。	4章 4
秘訣96	受講者の研修の記憶をポジティブなものとして残すことが重要。 そうしないと、学ぶこと自体がネガティブなことになってしまう。	4章 4
秘訣97	ファシリテーション能力を磨こう。 受講者の学びを引き出すことに徹することで、あなたは長期的に売れる講師になる。	4章 4
秘訣98	腕組みは「拒絶」「自己防衛」「批判」の現れであり、外部からの刺激をブロックしている状態に見せることを知っておこう。	4章 5
秘訣99	腕組みの心理のもう一つは「マウンティング」。 相手を見下す感覚になっている。	4章 5
秘訣100	腕組みをしている講師は、素養が低いと考えられてしまう。	4章 5
秘訣101	どんな状況に陥っても、平然と講義をおこなえる「状況対応力」を身につけておこう。	4章 コラム④
秘訣102	エージェントを通すか通さないか。 それぞれの実情を理解したうえで選択しよう。	5章 1
秘訣103	いきなり大手のエージェントとの契約を目指すのではなく、まずは実績をしっかりと積むことを考えよう。	5章 1

秘訣104	エージェントとの講師単価は、まさにバラバラ。 エージェントの実力や提案の付加価値によって大きく異なる。	5章 1
秘訣105	エージェントから選ばれる講師は、「ビジネスにつながる講師」。 今の研修からさらに先の仕事を見据えて活動しよう。	5章 2
秘訣106	売れっ子講師のサイクルは、「研修の受注→次年度のリピート→他の研修→エージェントの評価向上→別の研修の相談」となる。	5章 2
秘訣107	エージェントの営業担当としっかりと人間関係を築こう。 まずはお気に入りの講師の一人に入ることで、相談が舞い込むようになる。	5章 2
秘訣108	講師には、自分で改善点を見つけて謙虚に成長していく「自己改善機能」が必要不可欠である。	5章 3
秘訣109	自分の講師としてのマインドとスキルを成長させるために同じ志の人がいる勉強会などに参加してみよう。	5章 3
秘訣110	あなたの学びとこれからの姿を明確にまとめよう。 そして具体的な行動と日時を決めることが、実現のポイントである。	5章 4
秘訣111	5年や10年という時間は、流されていればあっという間。 常に明確な目標を持って、それを確認しながら生きていこう。	5章 4
秘訣112	「思いの強さ」が行動につながる。 だからこそ、改めて自分のゴール設定をしっかりとおこなおう。	5章 4

第1部

〝売れっ子講師〟準備編

第１部では、“売れっ子講師”になるための準備をしていきます。

第１章『セミナーや研修の「本質」を理解しよう！』～“売れっ子講師”と“イマイチ講師”の大きな違い～では、研修の本質について考えることで、講師の役割について深く考えていきます。
講師としてのあり方がわかれば、自然と人気講師への道が見えてきます。

第２章『あなた自身のクリアリングをしよう！』～ジリ貧の原因を探れば、“売れっ子”への道が開ける～では、講師をおこなう上での自分の思いやリソース（資源）について、多面的に考えていきます。
現状を把握し、そこから論理的に道筋を立てれば、遠かった「夢」があと一歩先の「目標」に変わってくることでしょう。

第1章

セミナーや研修の「本質」を理解しよう！

～「売れっ子講師」と「イマイチ講師」の大きな違い～

1 研修の主役は「受講者」。そのことを「徹底」できていますか？

研修やセミナーの講師を担当しているうちに、多くの講師が勘違いしてしまうことがあります。それは、**自分が主役になってしまう**ことです。

「え？　人前に立って話すのだから、話し手が主役でしょう？」と思う人もいらっしゃるかと思います。でも、逆なのです。**研修の主役は「受講者（聴き手）」**なのです。**たとえ周囲が私たちを「先生」と呼んでくれ、手厚い歓迎をしてくださったとしても、勘違いして舞い上がってはいけません。**もちろん、私たちの過去の実績に対して敬意を表してくださるお客様もいらっしゃることでしょう。でも、主役は講師ではありません。

なぜなら、どんなに講師がエンターテインメントショーのように見せても、圧倒的な知識や実績を誇ったとしても、**受講者の現実の仕事・生活・人生が何か変わらなかったら意味がない**のです。ただ、誤解しないでください。決して講師のプレゼンや講義内容が重要ではないと言っているわけではありません。

大切なことは、主催者が私たちを歓迎してくれるのは、私たちが偉いからではなく、受講者の変化をもたらすことで会社や組織が良くなるからです。その「役割」に対して歓迎をしてくださるのです。受講者が何も変わらないのであれば、歓迎される理由もなくなってしまいます。

秘訣
1

主催者の歓迎に舞い上がってはいけない。主催者の歓迎は、私たちの「役割」に対するものである。

ですから、「いい話だったね～」「面白かったね～」で終わってしまっては、意味がないのです。しっかりと私たちの「役割」を果たさなければなりません。

そのために重要なことは、講師として、しっかりと**「地に足の着いた活動をする」こと、そして「徹底的に受講者を主役にする」**ことです。

秘訣
2

講師として地に足のついた活動をおこない、徹底的に受講者を主役にすることが求められている。

では、徹底的に受講者を主役にするには、どうしたら良いでしょうか？

受講者に媚びを売ることではありません。

そうです。主役である受講者が少しでも多くの内容を持ち帰り、現実の世界で活用できるようにベストを尽くすのです。

そこで、「本物の講師」に求められることは何かを考えてみました。

ここで言う「本物の講師」とは、研修の最大の目的である**「受講者に価値を最大限提供することができる講師」**のことを言います。もちろん、単に「講師としてたくさん稼いでいる人」とか、「話が面白い人」のことを意味しているわけではありません。

次のページを見てください。「本物の講師」に求められる力を6つに整理してみました。これは、私が今までの講師生活の中で、特に重要だと思ったことを整理したものです。

詳しくは後のセッションで考えていきますので、ここでは概略をご紹介しましょう。

本物の講師に求められる6つの力

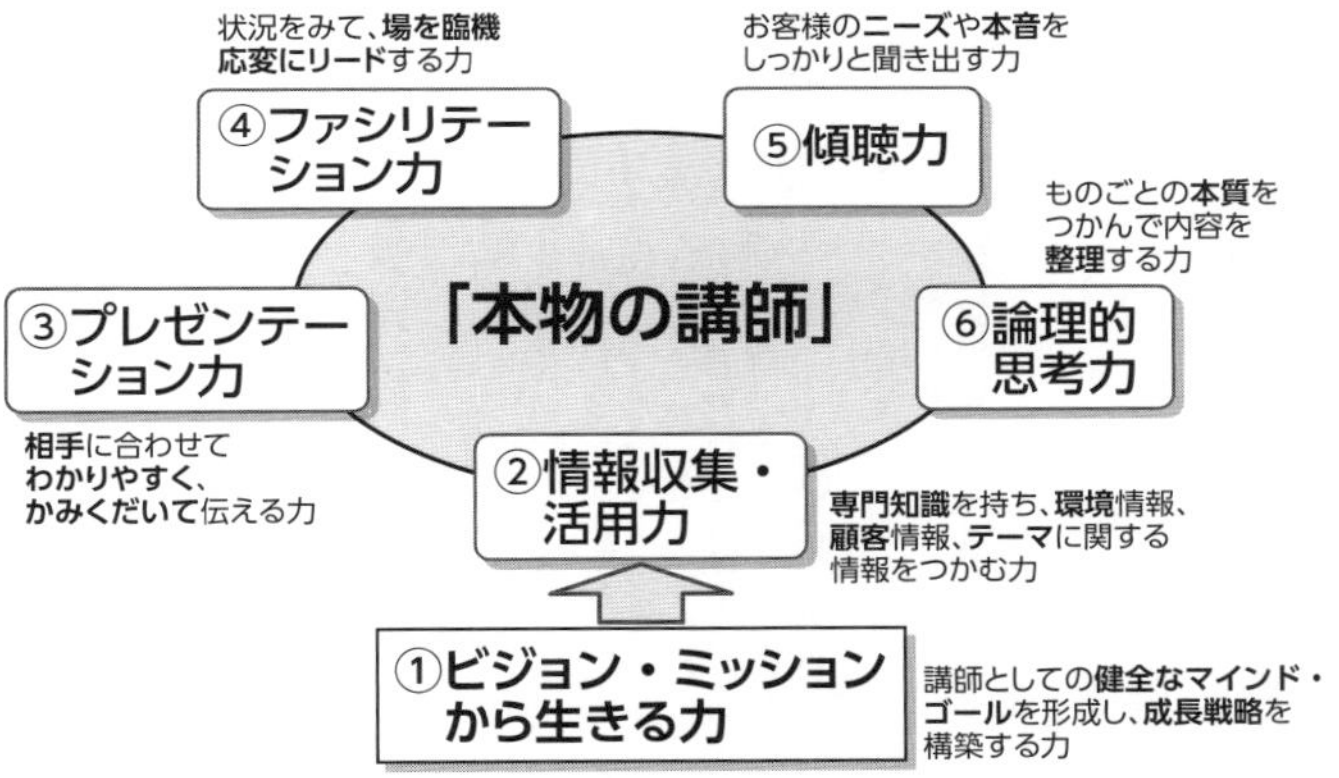

①ビジョン・ミッションから生きる力

「講師としての健全なマインド・ゴールを形成し、成長戦略を構築する力」とは、いきなり重いことを書いているな・・・と思われる方もいらっしゃるかもしれませんね。

簡単に言えば**「自分が地に足をつけて活動するための原点」**になるものです。

このマインドの部分がしっかりしていないと、どんなに②～⑥のスキルを学んだところで、表面的な薄っぺらい講師になってしまうのです。

②情報収集・活用力

これは「専門知識を持ち、環境情報、顧客情報、テーマに関する情報をつかむ力」

と書いてありますが、要は2つのことを広く深くつかむことが重要です。

ひとつは講師活動を行う**相手（お客様）についての理解**です。このあとの1―3のセッションでは、お客さまを4つに分けて考えています。もうひとつは、講師活動をおこなう**内容（テーマ）に関する理解**です。

③プレゼンテーション力

これは「相手に合わせてわかりやすく、かみくだいて伝える力」です。

講師は話をすることで受講者に情報を伝えることが多いので、講師にプレゼン力が必須であることは理解できると思います。

しかし、単に「話すことが得意」「話すことが好き」というレベルではありません。主役はあくまで受講者ですから、**いかに受講者に納得感をもって理解してもらえるように伝えられるか**が重要です。

④傾聴力《けいちょうりょく》

③のプレゼンテーション力と対になる力です。「お客様のニーズや本音をしっかりと聴き出す力」を使って事前に計画を立てるからこそ、ニーズに応えられる研修ができ

きるわけです。

そして、**目の前の受講者が話していることにも耳を傾けましょう。**

自分が話すことにいっぱいいっぱいになってしまっていては、聴くことはできませんよね。

⑤ファシリテーション力

これは「状況をみて、場を臨機応変にリードする力」です。

講師をしたことのある人はみんな体験したことがあるかと思いますが、**研修は計画通りにいかないもの**のです。ですから、事前準備はもちろん大切ですが、臨機応変に進める力が非常に重要なのです。

用意した原稿を話すだけが講師の仕事ではありません。

⑥論理的思考力

「ものごとの本質をつかんで内容を整理する力」です。

②～⑤の力は、論理的に整理する力がなければ価値が半減します。

バラバラの情報をしっかりとまとめ、常に頭が整理されている状態になっていなければ、講師の話を聞いている受講者は混乱するばかりになります。

秘訣3 「本物の講師」には、6つの力が求められる。まずは、自分の力を客観的に見つめてみよう。

さてこれらの項目だけを見れば、当たり前のことばかり書いてあるように思えるかもしれませんね。

しかし、本物の講師はこれらのレベル（高さ・幅・深さ）が全く違うのです。表面的な理解で終わりにしないようにしましょう。

秘訣4 言葉だけで「わかったような気」にならないこと。どれくらいのレベルで実践できているかが重要である。

では、このあとのセッションで具体的に考えていきましょう！

2 ありがちな教育部門や講師の「研修ぶち壊し行為」

研修の主催者（教育部門・事務局）の存在は、研修の成功にとって不可欠です。

私はありがたいことに、これまで12000時間以上の講師登壇を経験してきました。さまざまな研修に参画していると、とても残念に感じることもあります。それは、**「研修主催者がせっかくの研修の場をぶち壊してしまうことがある」**ということです。

ここでは、実際に私が体験してきた「主催者による研修のぶち壊し行為」を具体的に**①研修前　②研修中　③研修後**　で整理してみましょう。

①研修前

主催者として、研修の開講挨拶は大切な役割です。

しかしながら、**スタートの挨拶に気持ちがこもっていない**場合が非常に多いのです。

これでは、主催者の思いは伝わりません。いや、よく伝わっていますね。

「トップが言うから義務感で開催している」「よくわからないけれど、今までの惰性で開催している」というおざなりな思いが伝わってしまうのです。

階層研修など、研修によっては、経営幹部が基調講話をおこなってくださる場合もありますが、これらもその企業のトップの姿勢が明確に受講者に伝わります。

たとえば、幹部が「え〜、私は話し下手なので、大したことは言えませんが、え〜、事務局が話せとうるさいので・・・」などと話してしまうと、受講者もガッカリします。「こんなプレゼン力で幹部になれるんだ、この会社は」という感想は持っても、**「この人を目指そう」というあこがれの対象（積極的な目標）にはなり得ません。**講話の内容は研修の対象者や開催意図にそって組み立てるべきなのですが、意図がきちんと伝わっていない場合もあります。

また、会場選びや設営の問題もありますが、これはまた別のセッションで例題で考えてみましょう。

②研修中

次は、研修中の事務局の振る舞いです。

講師がどのようなメッセージを受講者に伝えているのか、受講者がどのような参加をしているのかを**「参観」して確認することは、主催者として重要な行為**です。こうして参観してくださることは、研修会場に全く顔を出さない事務局も多い中、ある意味ではありがたいことなのです。

しかし・・・実は、研修のオブザーブは退屈な行為です。なぜなら、受講者のように参加をしないからです。前のセッションでもご紹介しましたが、参加度が下がると、研修に対する意欲も下がりますので、どうしても**受け身でただ話を聞いているだけになってしまいます**。すると、パソコンでの作業に集中したり、ひどい場合は居眠りを始めたりします。また、事務局どうしで私語（実務についての相談や雑談）をしている場合もあります。

いずれの場合も、受講者からすると意欲や集中力をそぐ行為です。

研修とは関係のないことを教室内で行うことは、会場の一体感を失わせてしまうのです。

③研修後

研修中にオブザーブを全くしない事務局に多くあるケースです。

研修中の講師からのメッセージがしっかりと伝わり、受講者が前向きに行動する意欲に満ちているにもかかわらず、「たった一日の研修を受けただけでは何も変わらない」などとまとめのコメントをするケースです。

確かに今まで、そのような研修をずっと見てきたのかもしれません。しかし、最後に**研修の成果を否定してしまったら、せっかくの研修が台無し**です。

秘訣5 主催者の言動は、受講者の学びと直結することを意識する。

では、そのようなことにならないように、事前に講師にできることがあるとすれば、何だと思いますか？

いろいろとできることはありますよね。

①については、**事務局との事前面談の際に確認する**ことができます。

「開講挨拶」はあるのかを確認し、挨拶がある場合は、**講師として主催者からどのような内容を話してほしいかを伝えておきましょう**。内容は、上層部が伝えるからこそ価値があるものです。たとえば、「自分が今までに感じた研修を受講することの価値」「他部門の人々が集まることによる価値」「会社として受講者に大いに期待していること」などを伝えてもらえると、ありがたいものです。

秘訣6 開講挨拶で伝えてほしいことを事前にリクエストしよう。

②については、その場で直接注意することは避けたほうが良いと思います。エージェントから間接的に伝えてもらう方法もありますが、第三者を巻き込むことになるため、意図にずれが生じると、知らないうちに主催者との関係が悪化する危険性もあります。

私の場合は、受講者の討議になった場面で事務局のところに行き、「研修はどんな感じですか?」「面白いですので、ぜひ一緒に考えてみてください」などと声がけをして、**可能な限り事務局も内容に巻き込む**ようにします。

そうすることで、研修のほうに主催者の意識を向けて、会場の一体感を作りやすくします。また、**主催者が研修を面白いと実感すれば、リピートの可能性も高まります。**

秘訣7

主催者を現場で巻き込むと、リピート率が高まる。

③は、もう講師の出番がない場面ですので、事前のコントロールは難しいですね。

ですので、主催者のネガティブな挨拶後すぐのタイミングで、講師も一言**笑顔で**「ぜひいろいろ実行してみてくださいね～」と言うようにしています。

あくまでも嫌味にならないように言うのがコツです。「皆さんの成長に限界はない」という信念のもと、心を込めて笑顔で言います。テクニックで言おうとすると、うまくいきません。

目的は、**主催者の言葉の否定ではなく、「記憶の上書き」**です。**そのメッセージが「受講者が聞く最後の言葉」になるようにする**のです。

秘訣8

受講者が聞く最後の言葉をコントロールしよう。

このように、研修主催部門が持つ影響は大きなものがあります。ですので、大企業の場合は、「社内講師養成」の講師を担当させていただくようにしています。

その中で、主催者や講師の言動の重要性について、しっかりとメッセージを伝えておくのです。

ところで、研修講師も研修を壊してしまうことがあります。

たとえば「講師自体が信頼をなくしてしまう」「研修内容の信頼をなくしてしまう」ことによります。これらについては、また別のセッションで考えていきましょう。

3 講師にとっての「4つのお客様」

さて、企業（や団体）において研修を行う講師の「お客様」とは誰でしょうか。

真っ先に思いつくものは、「研修を実施する企業（や団体）」と「研修に参加する受講者」ですね。

でも、それだけではありません。次ページの図を見てください。私たちが基本的に意識したほうがいいお客様を、大きく4つに整理してみました。

冷静に考えれば当たり前のことですが、**キチンと全てに向き合っているでしょうか？**

この機会に、考えてみましょう。

研修講師にとっての「４つのお客様」

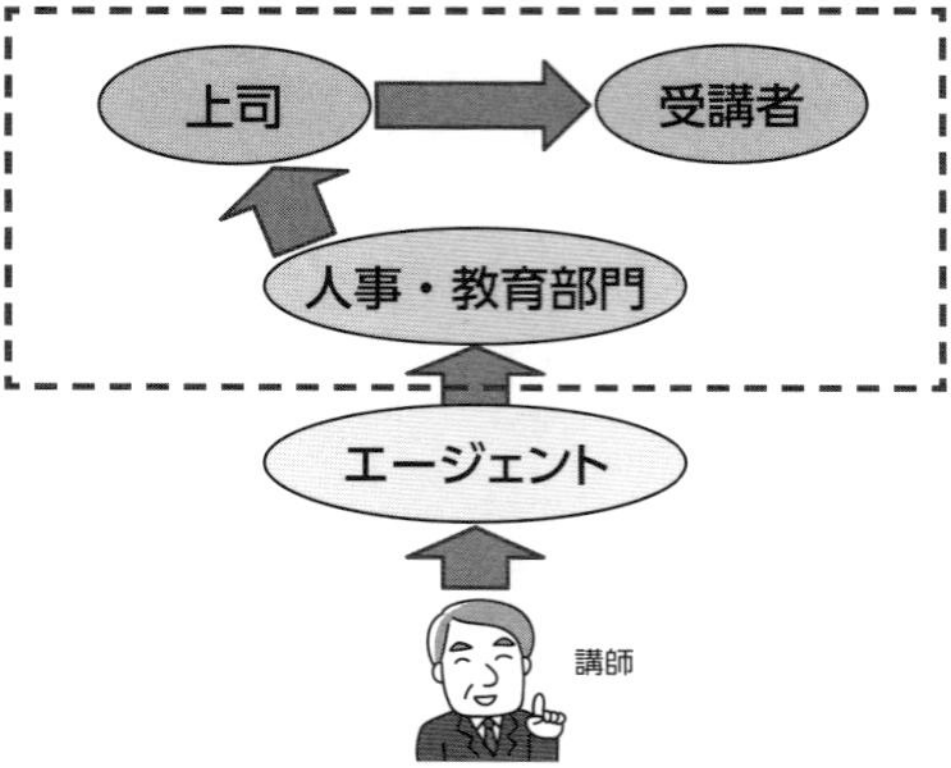

①研修エージェント

フリーの立場で直接顧客に対して営業活動をおこなっている講師を除けば、ほとんどの講師がどこかの研修会社（エージェント）と契約（場合によっては所属）し、研修活動をしているかと思います。

この場合、実際の講師料はこのエージェントから支払われるわけですから、講師にとってのお客様の一つ目は「研修エージェント」になります。

ですから、**いかにエージェントとの関係を上手に築くか、エージェントから信頼さ**

れるかが求められます。

また、エージェントには**実際に研修をおこなう顧客企業の情報をつかんでくる役割**もあります。そのため、エージェントのヒアリング能力（顧客ニーズの本質をとらえて聴きだす能力）が大きなポイントになりますね。

エージェントとの関係は重要ですので、第5章でしっかりと考えていきましょう。

②人事・教育部門

ここから先の3つのお客様は、どれも実際に研修をおこなう企業内です。

まずは、人事・教育部門です。企業側の窓口であり、①のエージェントが直接コンタクトしているところです。企業内の人材育成戦略に基づき、研修を実施（主催）し、事務局を担当します。

ところが、人事ローテーションの一環で異動してくる人が多いため、**教育のプロフェッショナルの人は意外と少ない**のが実状です。

しかし、**この事実は企業内の研修の在り方に大きな影響を及ぼしています。**

ときには、明確に受講者像がつかめていなかったり、以前の経験から教育は余計な仕事だと思っていたり、上司や役員の問題意識をそのまま鵜呑みにしていたりします。

③受講者の上司

「直接的なお客様」ではありませんので、思いつかなかった人も多いのではないでしょうか。とは言え、非常に重要な「お客様」です。

なぜなら、事前の研修の開催案内は必ず上司経由で流れますし、そもそも多くの場合、受講者は上司のＯＫがなければ研修に参加することすらできないからです。

また、事前課題や事後課題で上司が参加する実施する研修もあります。ですから、受講者の上司は非常に重要なお客様なのです。

とは言え、ここがブラックボックスになっているところです。**職場の上司がどんな思いで研修をとらえているかによって、受講者のモチベーションも大きく変わってしまう**のです。

ですから、３つ目のお客様である「受講者の上司」を**いかに好意的な存在として巻き込むか**が重要なポイントになります。

そのために私たちができることは、少なからずあるはずです。

④受講者

これはもっとも基本的な「お客様」です。研修の主役であり、講師が直接関わり合う存在になります。

ところが、**一言で「受講者」といっても、さまざまな人がいます。**

・モチベーションが高い人、低い人
・専門知識のある人、ない人
・思考力や応用力のある人、ない人
・コミュニケーション能力の高い人、低い人

などなど、講師はこのようなさまざまな受講者と関わりながら、受講者の満足のいく研修を実施し、各自の行動と成果を引き出さなければなりません。

さて、この構図をよく考えてみましょう。改めて先ほどの図を見ていただきたいのですが、講師は事前に受講者と直接アプローチができません。

研修に参加する受講者たちに関する事前情報は、②人事・教育部門がとらえている姿であり、それを聞き出した①研修エージェントのフィルターがかかっているのです。

その情報をもとに講師は研修カリキュラムを組み、講義内容を事前に考えて研修に臨んでいます。とは言え、**実際の受講者がどんな人たちなのかは、研修になってみないとわからない**ということです。

秘訣 9

研修受講者に関する事前情報は大切だが、それを鵜呑みにしてはいけない。

そして、前述のとおり「上司の存在」を無視してはなりません。

秘訣 10

受講者の上司の存在はブラックボックスである。上司の意識次第で、受講者のマインドが変わってしまう。

秘訣 11

受講者の上司を研修に対して「好意的な存在」として巻き込むことが重要である。

そのための方法は、後のセッションで考えていきましょう。

ここまで、「4つのお客様」について考えましたが、さらにその先には**「受講者の職場」**があることを忘れてはいけません。

研修内容がどれだけ職場で共有化され、そして実践されるかによって研修の価値が変わってしまいます。**研修内容を実践できるかどうかは、職場の上司だけでなく「現実の職場」も大きな影響を及ぼす**ものなのです。

最も大切なことは、これらの**4つのお客様全ての高い満足を追求すること**です。どんなに現場で好評な研修であったとしても、エージェントから嫌われてしまったら仕事は来ません。

また、どんなにエージェントが強く推薦しても、研修を実施する企業から選ばれなくては講師として登壇できません。

4つのお客様の利害関係が一致しないときもあります。

たとえば、主催者である人事部門からは「論理的思考を徹底的に厳しく教えてほしい」という要望があったとしても、現実の受講者がレベル的についてこれない場合などが考えられます。

そのようなときは、**人事部門の要望も尊重しながらも、現場の受講者のレベル感を優先すべき**ですよね。ただ、**そのことを人事部門に伝えるべき**です。たとえば「受講者の理解と行動につなげるために、実際の受講者の様子にあわせて、より簡単なワークに切り替えて進めました。ですので、当初のカリキュラムとは一部異なる進行になりましたが、受講者の納得感は高まったはずです」などと理由をしっかり説明しましょう。それで怒り出す人はいないはずですから。

そうすることでエージェントも満足ですし、受講者の行動に結び付けば、職場の上司もOKなのです。

秘訣12

常に4つのお客様の満足を配慮して行動しよう。そのためには、研修現場での臨機応変な進行が求められる。

4 「受講者を主役にする」を実践する会場レイアウト

さて、ここで簡単なワークをとおして「受講者を主役にする」とはどういうことなのかについて考えてみましょう。より具体的・実務的なレベルで理解ができるのではないかと思います。

【ミニケース】

次の条件の研修を実施することになりました。あなたが講師です。

・研修対象：5年目社員研修

・研修目的：入社して5年目を迎える節目に、自分を見つめ直す機会とする。具体的には、これまでの自分を振り返るとともに、これからの成長について考える。同時に、同期の仲間と交流を図ることによって、改めて仕事に対するモチベーションを高める。

・受講人数：24名

・研修時間：2日間

・使用機材：パソコン（講師持参）、プロジェクター、ホワイトボード

研修目的をふまえて、グループ討議などを入れながら進めたほうが良いとあなたは考えています。**参加型のプログラム**をあなたは提案し、お客様の承認を得ています。

そこで、事前打合せの場でお客様の教育担当者から、次のページの会場レイアウト

・お客様（教育担当者）が提示したレイアウト案

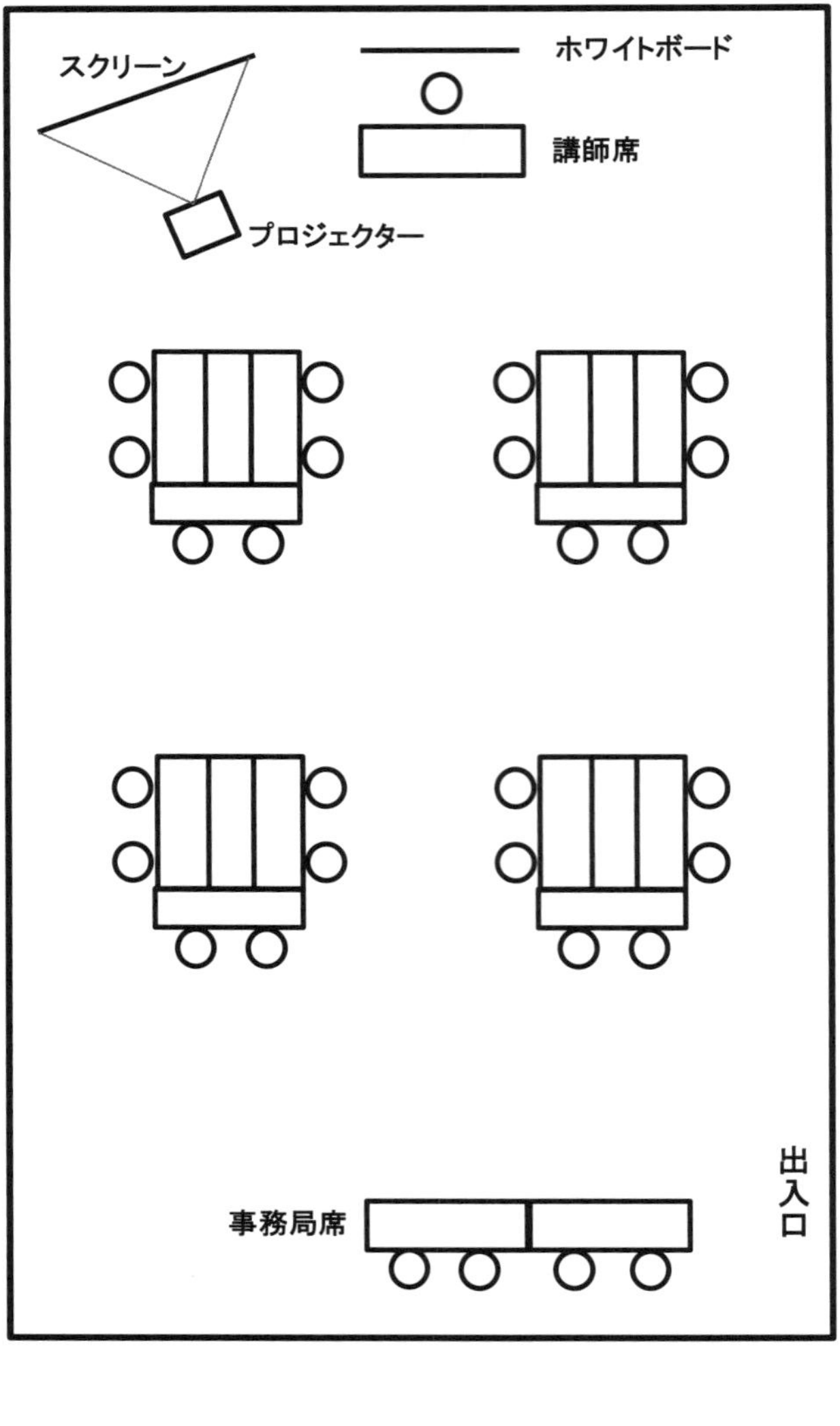

が提示されました。長方形が机、丸が椅子だと思ってください。

あなたなら、このレイアウトを見て、どう思いますか？

何か変更すべき点はありますでしょうか？

まずは、**自分なりの考えをまとめたうえで**次のページに進んでください。

「これで充分だ！　いつもこのようなスタイルでやっているよ」でも構いませんし、「お客様が提示したレイアウトなのだから、否定してはならない」でもＯＫです。

もともと与えられている研修の目的を整理すると、『①自分を見つめ直す（過去の振り返りと今後の成長を考える）機会とする　②同期との交流によって、仕事に対するモチベーションを高める』というものですから、参加型のプログラムを意図することは効果的だと思います。

参加型のプログラムをおこなう場合の代表的な進め方は、**グループ分け**をすることです。研修の状況などによっても変わりますが、**グループ討議などのワークをおこなう場合の一般的な最適人数は４〜５名**です。

6名では多すぎるのです。なぜなら、**受講者が自発的に「主役」になりにくくなる**からです。

もちろん講師によっては、6名が好きな人もいます。「2名のペアワークや3名でのワークなどが柔軟に設定しやすい」「会場の関係で、どうしても6名以上でグループを作らなければ収まらない」・・・などの理由が明確であれば、その考え方も一理あります。しかし、そのような明確な理由がないのに何となく6名にするのは避けましょう。

6名で組んでいる以上、6名全員で行う討議やワークも実施しなければグループを組んだ意味がありませんよね。とは言え、**6名のグループでは、受講者の主体的参加を引き出しづらい**のです。人数が多く、話しづらくなってしまうので、どうしても**「傍観者」や「受け身の受講者」が生まれやすくなります**。これでは、**本来の目的が達成しづらく**なってしまいますね。

秘訣13

受講者全員が主体的に話せる人数編成にしよう。グループ人数は6名では多すぎる。

ところで、「大は小を兼ねる」とよく言いますが、研修の会場設営の場合は効果的ではありません。**広々とした会場設営は、エネルギーがどんどん外に抜けていってしまい、「場」がいつまでも温まりません。**ですので、会場は**できる限りコンパクトに設営してもらう**ことが重要です。**机は少なめで、窮屈なぐらいが効果的**です。

広い会場で実施せざるを得ない場合は、できるだけ前のほうに集めて設営するようにし、後方のエリアはパーテーションやボード、使わない机などを置いてクローズな空間にします。

窮屈な会議室でミーティングをしたほうが盛り上がった・・・という経験のある人も多いと思います。

秘訣14

場のエネルギーを高めるために、コンパクトな会場設営にしよう。

以上のことをふまえて、会場の設営案を2つご紹介します。

秘訣15

ホワイトボードを意図的にファシリテーション（講師の進行）や会場づくりに活用しよう。

【設営案①】は、24名の受講者を5名のグループを4つ、4名のグループを一つで組んだ例です。4名のグループを真ん中に設置することで、会場がコンパクトにまとまった印象を受けると思います。よりコンパクトにするために、ひとつの机に3名で座ってもらい、2つの机でグループにすることもできますよね。【設営案②】は、4名のグループを6つにしてあります。人数が少なくなるため、グループ討議を短時間で実施できますが、その分発表時間が増えてしまうので、工夫が必要です。

ホワイトボードは、とても便利なツールです。【設営案②】のようにグループの周りや後方に置くことで、**エネルギーが抜けにくい環境を作る**ことができます。また、グループ分の枚数を用意してもらえると、**討議の内容を書き出す**ことができます。発表をおこなわずに各ボードを受講者に回ってもらうことで、時間を効果的に使えます（発表が必要な時は、カットしてはいけません）。枚数が足りない場合は、両面を使い合うことで、半分の枚数で討議が可能です。

・効果的な設営案①

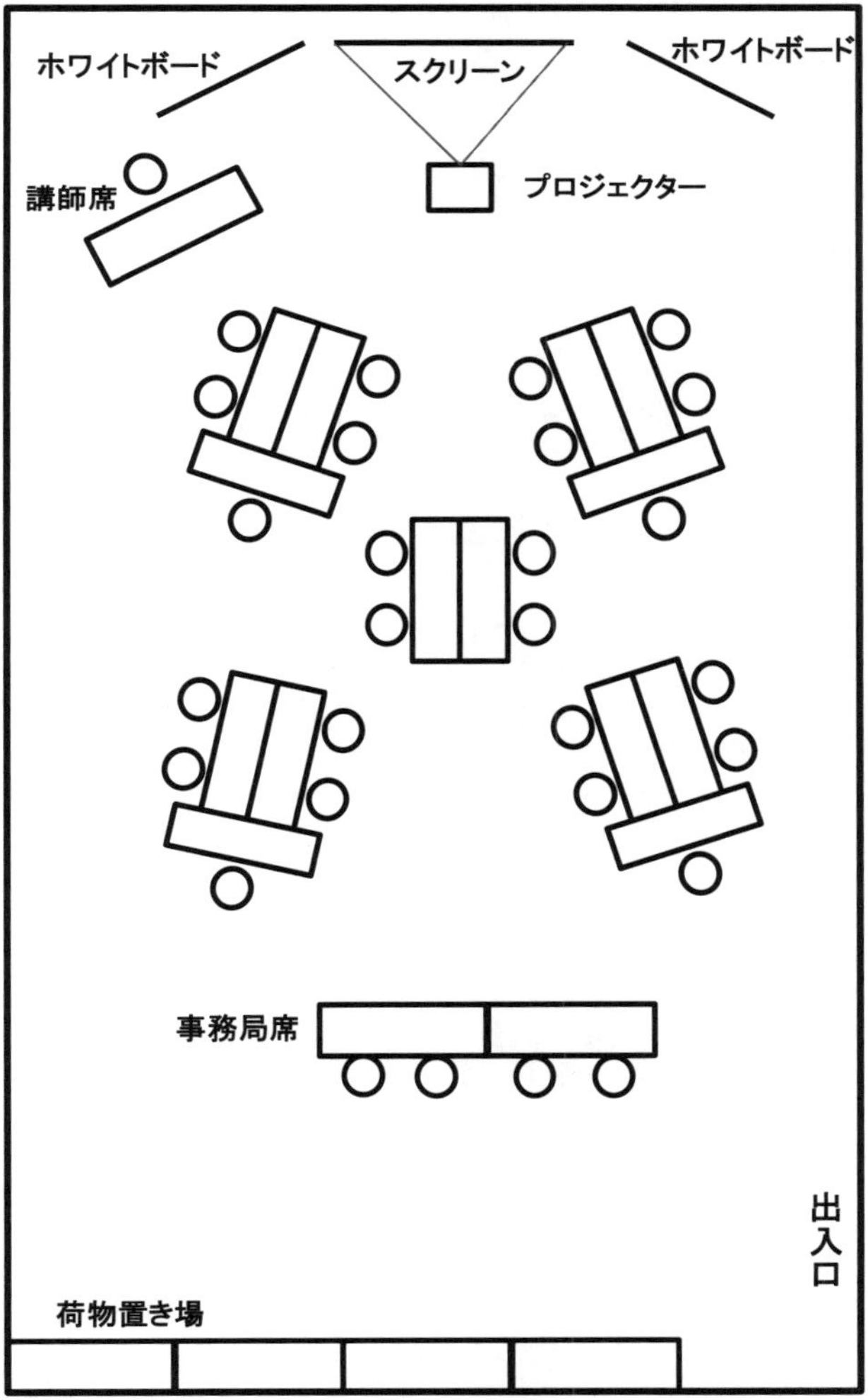

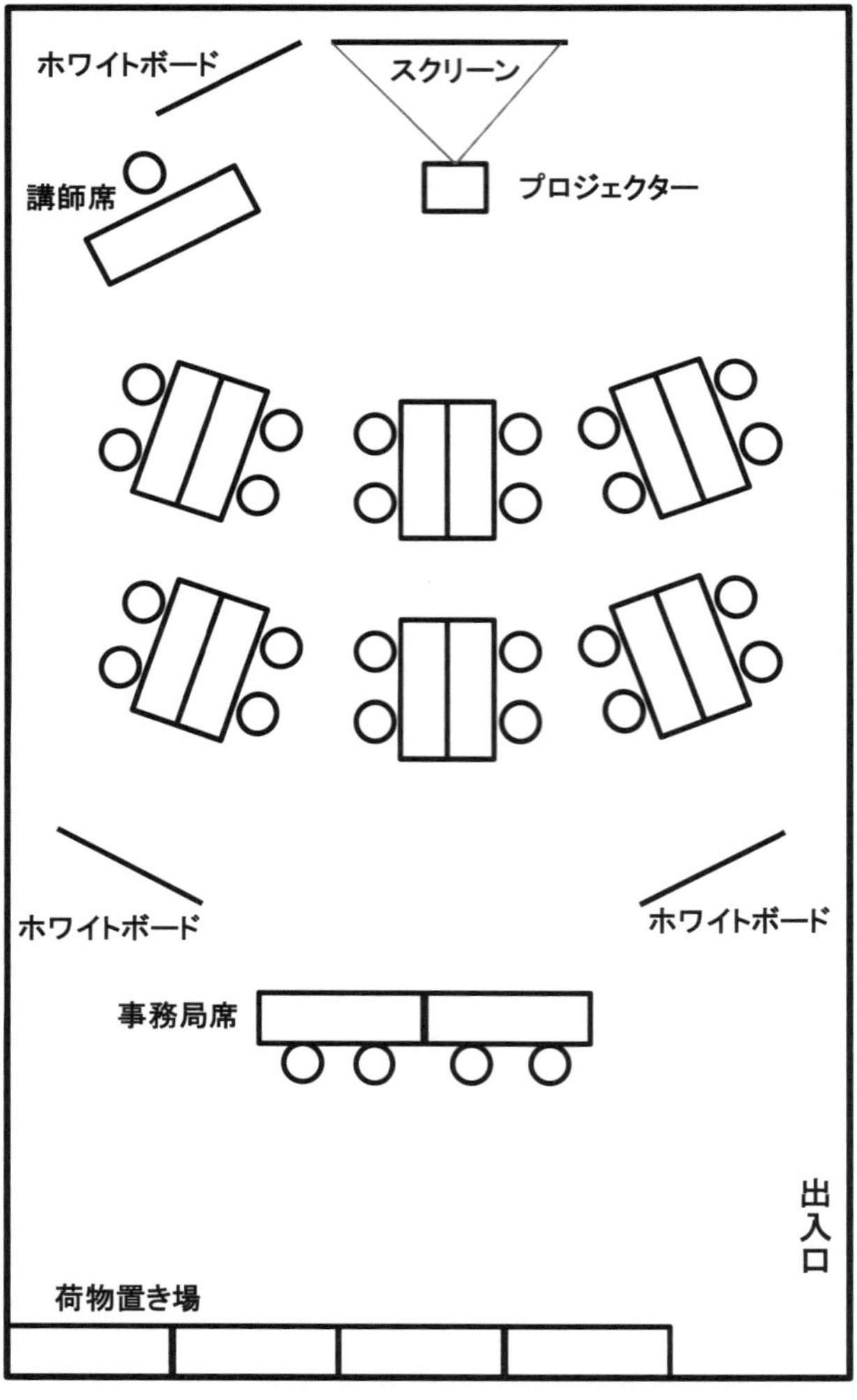
ホワイトボード
スクリーン
講師席
プロジェクター
ホワイトボード
ホワイトボード
事務局席
出入口
荷物置き場

いかがですか？　研修は意図を持って行うことで質が高まるものなのです。

秘訣16

講師の目的意識や意図の有無が現実の研修品質を大きく左右する。

5

「稼ぐ講師は目指すな！」その理由は・・・

さて、この本のサブタイトルにもなっている『**稼ぐ講師を目指すと、イマイチ講師になる理由**』ですが、いったい、どういうことなのでしょうか。

もちろん、稼げない講師よりはバリバリ稼いでいる講師のほうが魅力的だと思いますし、素晴らしいことだと思います。

ですが、それを**第一目的に挙げてはいけない**のです。「**稼ぐ講師になること**」ではなく、「**人の役に立つ本物の講師になること**」を目指すほうが、はるかに**効果的**です。

なぜだと思いますか？

一言で言えば、**「成功が長続きしない」**からです。

そんなことないよ・・・と思うかもしれませんが、考えてみましょう。

稼ぐことを目的にしてしまうと、目の前の売上に強くこだわるようになります。少しでも金額の高い案件、少しでも手っ取り早く売上につながる案件を優先的に追いかけることになります。気がつけば、**視野が短期的**になります。

人間関係も同じようになっていきます。**長いスパンで人脈を作るのではなく、今のお金が優先される人間関係**になっていきます。人は同質の人に集まりますので、**同じ匂いの人たちが周りに集まってきます。**

とにかく稼ぐためにがむしゃらに仕事をします。講師とは直接的に関係のないことにもあれこれ手を出します。それが自分の成長につながることもあるでしょうが、**いつの間にか自分の本質からずれてしまう**ことも起こり得ます。

目の前の案件を何とかこなすために、実力が伴っていなくても自分を大きく見せることで乗り切ります。

最初は仕事を積み重ねることで少し成長することがあるかもしれません。しかし、そのような仕事では、長くは続きません。つまり、**リピートにつながりません。**毎回、一から仕事を開拓しなければなりません。

いつの間にか、目の前の単発の仕事ばかりを必死に追いかけることが自分のペースになり、実力が伸び悩んでいきます。そして、**売上を上げようと焦れば焦るほど、お客様に見透かされてしまいます**。だれもそのような人には、注文を出そうとしませんよね。

結果として売上も実力も伸び悩み、**「イマイチ講師」「なんちゃって講師」への道をまっしぐら**になるのです。

少し極端に断定的に書きましたが、ドキッとした人も多かったのではないかと思います。少なくとも、私はそのような人をたくさん見てきました。

これは講師に限りませんが、**仕事の目的を間違えてしまうと、残念な道に進んでしまうことが多い**のです。

では、どうしたら良いのでしょうか。大切なことは、**焦ってはいけないということ**です。つい目の前の「稼いでいる目立つ講師」や「にぎわっている派手なセミナー」などに目が行ってしまうかもしれません。

【稼ぐことを目的にしてしまうと…】

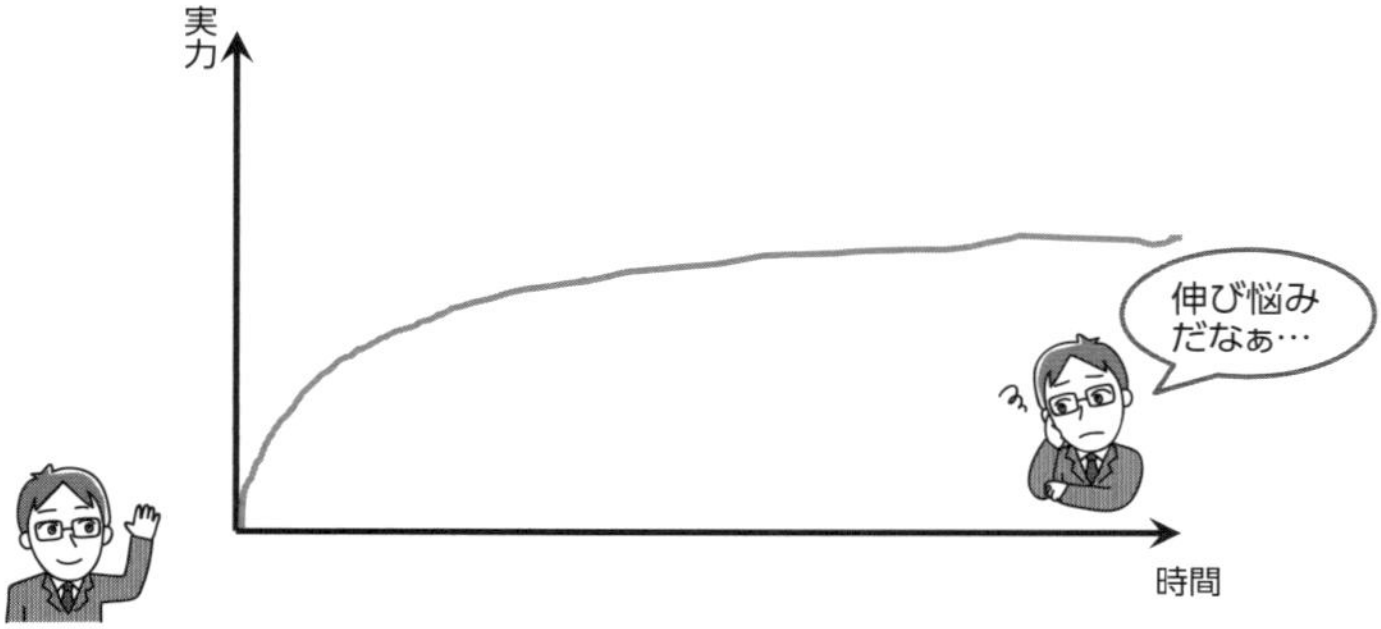

【人の役に立つ本物の講師を目指すと…】

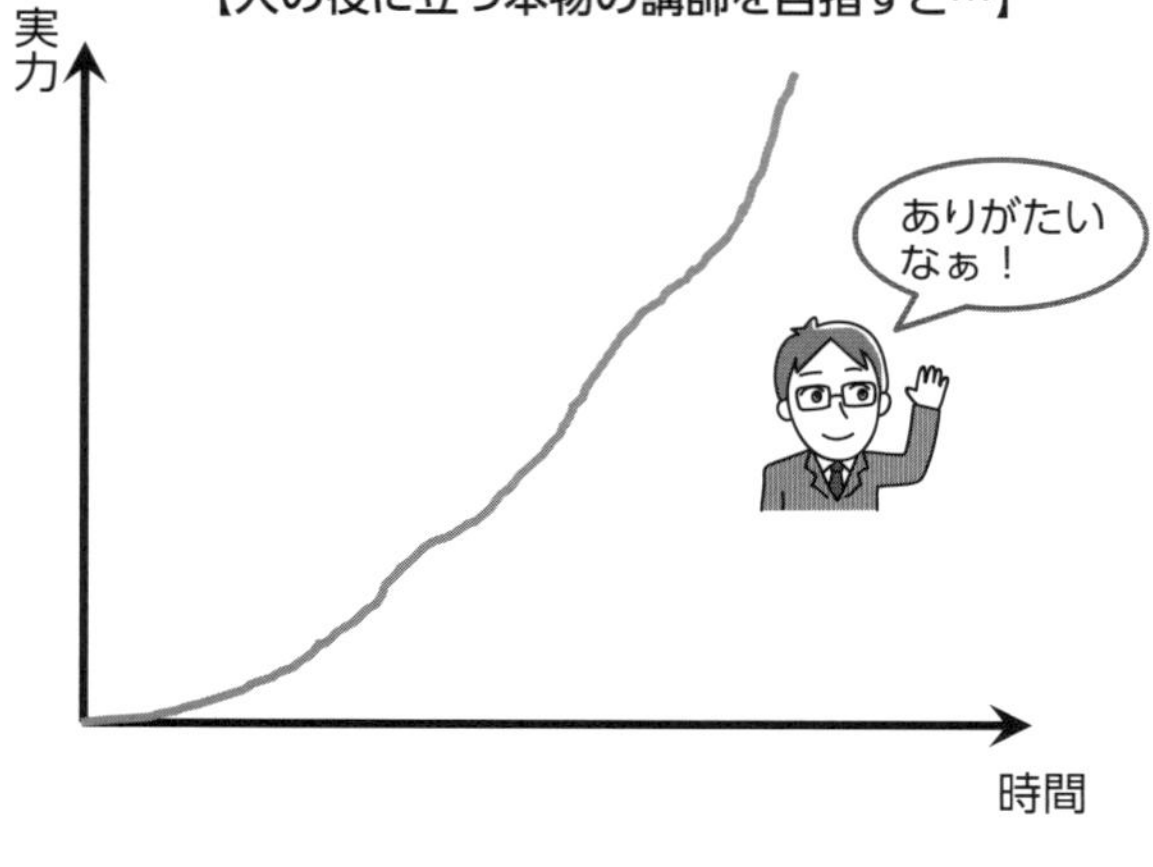

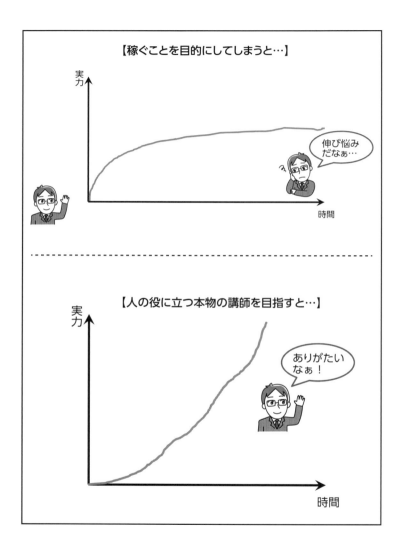

でも、**実力が伴っていないのに、高望みしてもうまくいかない**のです。**長期的なスパンで成長を目指すことが、結果として、自分を長く輝かせてくれる**のです。

なぜなら、あなたの仕事人生は長いのですから。**地に足がついていない状態で、長い人生は過ごせません。**

「感謝」の気持ちを持って、研修講師として「人の役に立つ」ことを本気で意識してみましょう。この**「本気で」というところが重要**です。

あなたの周りには、同じ志の人が集まってきます。もちろん、同じ思いの人のもとを訪ねてもいいと思います。

日々反省し、地道に実力をつけようと努力することで、気がつけばしっかりとした力がついています。誠実に仕事をしていれば、リピートも得られやすくなります。実力が伴ってくれば、さらに仕事も広がっていくでしょう。**結果として、「売れっ子講師」として、長い期間充分な収入を手にすることができる**ことでしょう。

そう。全ては**「結果として手に入るもの」**なのです。だから、最初に目指すものではないのです。

「成長があまりない」と残念に思う日もあるかもしれません。でもそれは、もとになるものがまだ小さいからです。自分が大きくなっていけば、少しの成長でも大きな成長が手に入るのです。

秘訣17
稼ぐことを第一の目的にすると、成功が長続きしなくなる。

秘訣18
人は自分と同質の人のところに集まる。
一度、あなたの周りの人々を見つめてみよう。

秘訣19
焦らずに、地に足をつけて、長いスパンで成長を目指そう。
それが結果として、長く輝ける人につながる。

秘訣20
「売れっ子講師」という状態は、地道に努力した結果として手に入るもので、最初から目指すものではない。

コラム① 講師って緊張しないの？

講師をしていると、よく聞かれることがあります。

「どうして潮田さんは、全く緊張しないであんなにスラスラと話せるのですか？」

いえいえ、私も緊張しますよ！　特に、スタートして最初の5分ぐらいは、緊張度が高いです。考えてもみてください。「緊張感が全くない講義」って、聞きたくもないと思いませんか？　緊張って、ある程度はあったほうがいいんです。

でも、どんなときも、自分を見失ったりしない程度に緊張をコントロールしています。日頃意識していることはたくさんありますが、ここでは2つご紹介しましょう。

①呼吸のコントロールをする

アガっている状態は、呼吸が浅くなってしまっている状態です。逆に、深い呼吸をしているときにあがることはできません。ですので、呼吸のコントロールを上手に行えば、あがりはコントロールできます。

呼吸法は、さまざまな方法がありますが、ここでは私が実行しているものをご紹介しますね。

鼻からゆっくり息を吸ってお腹で止め、口から倍ぐらいゆっくりのスピードで吐くようにします（これが基本形です）。

私が意識しているのは、吸うときには体中の筋肉に力を入れて吸うようにし、吐く時には全身の緊張を全て解きほぐし、口からそれらを外に出すつもりで吐くようにしています。でも、これを1~2分おこなうことで、不思議とリラックスして話せるようになります。皆さんも、登壇する前におこなっておくと効果的ですよ。

秘訣21 上手に呼吸をコントロールすれば、地に足をつけて話すことができるようになる。

②プレゼントに徹する

もうひとつは、自分の意識をどこに置くかです。アガっている状態というのは、自意識過剰になっているんですね。つまり、自分に意識が向いている状態になっています。

プレゼンテーションとは「プレゼントをすること」という意味です。皆さんも、大切な人にプレゼントをするときには、相手のことを考えますよね。少なくとも「こうやってプレゼントをしている自分って素敵でしょう?」なんて思わないわけです。ですから、自分の伝えたいメッセージを相手に届けることに集中する(相手に意識を集中する)ことが大切なのです。そうすることで、自意識過剰の状態から卒業することができるのです。

秘訣22 自分の伝えたい情報やメッセージを相手にプレゼントすることに意識を集中しよう。

第2章

あなた自身のクリアリングをしよう！

～ジリ貧の原因を探れば、“売れっ子”への道が開ける～

1 あなたは、他人にはなれない

あなたは、他人にはなれない。

この見出しを見て、「いまさら何を言っているんだ。そんなの当たり前じゃないか」と思った人も多いと思います。

しかし、よく考えてみましょう。**世の中の偉人の習慣やうまくいっている企業のビジネスモデルをそのまま真似てしまう人は、意外と多い**ものです。

考えてもみてください。テニスをやっている人が錦織選手のエアKを取り入れようとしても、練習量や体格、プレイスタイルなどが全く違う他人がそのままマネをしても、意味がないですよね。まずは体格、そして強靭なメンタルを模倣することからはじめ、ようやくエアKに進めるのです。

スティーブ・ジョブズやアンソニー・ロビンスのプレゼンが素晴らしいからと言って、あなたがビジネスミーティングで同じ話をしたり、同じスタイルでプレゼンを実施しても、単なる「偉そうな奴」「薄っぺらい奴」としか受け止めてもらえません。まずは、ジョブズやロビンスの根底にあるビジネス論や、根底にある精神から学ばなければ、見透かされてしまうのは当然です。

ここまでは有名人の例ですので、「自分はそんなことはしないよ」「やるとしたらしっかり基本からやります！」と思う人もいるかもしれません。でも、ありがちなのは、**熱狂的な反応を引き出すセミナーなどに参加した後で、「自分もあんな風に成功できるかもしれない」と勘違いすること**です。

あなたがそう思えば思うほど、なんどもその主宰のセミナーやセッションに勧誘され、成功する気分だけを味わうだけになっていきます。もちろん、そのようなセミナーに参加して、大成功する人もいるかもしれません。

でも考えてみましょう。その人は本当に、セミナーで紹介された内容を〝そのまま〟おこなって成功したのでしょうか？

これは企業レベルでもある話ですね。

ある企業（仮にA社とします）が劇的に成功したとします。すると、あっという間に模倣企業であふれませんか？

でもどの企業も、A社ほどの成功は収められません。

商品開発においても、同じようなことが起こりますよね。


いわゆる**「モデリング」**（対象となる人などの動作や行動を見本として、同じようにすること）は重要な手法です。これは言語を修得するときなどには大変有効な方法です。また、定型的な作業を修得する際にも役立ちます。ここまでお話しした例の中でも、モデリングをすることで効果が上がることも時にはあるでしょう。

でも、丸々コピーをしても意味がないものもあるのです。

ネットに載っている記事をそのままコピペ（コピー&ペースト）して使っても、自分の文章として説得力を持たないのと同じです。

なぜなら、**講師は「あなた自身であること」が大切**だからです。

あなたはどんなに頑張っても、他人にはなれないですし、「この言葉を言えばセミナーは盛り上がる」というテンプレートをもらったところで、持ち味が違う人にとっ

ては、意味がないのです。

秘訣23 講師は、自分自身であることが大事。他人のモデリングをするだけでは、説得力を持たない。

人は、どうにかして楽をして成果を手に入れようとしてしまうのです。

でも、**楽をして手に入れた成功は、決して長続きしません。**これは、非常に重要な人生の法則だと思います。なぜなら、真の実力がないために、環境が変わった時に対応することが出来ないからです。

また新たなノウハウを探し求めて右往左往することになってしまいます。

そうではなく、**どんな環境でも対応できる知恵を生み出す力を身につけるべき**なのです。そうでなければ、ずっとノウハウ提供セミナーの「お客様」で終わってしまいますよ。

秘訣24 楽をして成功したとしても、それは長続きしない。どんな環境でも対応できる知恵を生み出す力を身につけよう。

では、どうしたら良いのでしょうか。

個人であれ組織であれ、**「自分（たち）にあわせて応用する（学ぶ）力」が求められる**のです。

ところが、研修で出会う人たちを観察していると、意外なぐらいそれが苦手な人が多いのです。

たとえば、ビジネスゲームやケーススタディ、他社の事例などを紹介すると、必ずと言っていいくらい、このような反応をする人がいます。

「それってそのまま手順通りにやればいいんですよね？」これはそのまま使う人ですね。また、

「なかなか面白い（興味深い）よね。でも、それは他社のケースでしょう？」

「そうは言っても、うちはちょっと違いますよ」

「考え方は理解できるけれど、現実には難しいですよね」

「あはは、よくわかります！そういう人、いますよね〜。でも、私は充分できていますよ」

という反応も多く返ってきます。

秘訣25

講師が自分らしく輝くためには、学んだノウハウを自分に合わせて応用する力が重要である。

①ものごとの本質をつかむ力
②自分を謙虚に見つめる力
③自分の現実に適応する力

↓

自分に合わせて学ぶ力

では、「自分に合わせて学ぶ力」を身につけるにはどうしたら良いでしょうか。
ポイントは3つです。

①ものごとの本質をつかむ力
②自分を謙虚に見つめる力
③自分の現実に適応する力

この3つがないと、学べないのです。
あなたはどうでしょうか?
詳しく紹介しますので、考えながら読み進めていきましょう。

秘訣 26

自分に合わせて学ぶためには、「ものごとの本質をつかみ」「自分を謙虚に見つめ」「自分の現実に適応」してみよう。

①ものごとの本質をつかむ力

ものごとの本質をとらえずに「表面的」に理解してしまうことは、現実にはたくさんありますよね。たとえばセミナーで心理学やセールススキルを学んだ人が、**手順をそのとおりそのままの形で実行しなければならないと信じ込んでいる（あるいはそのとおりにしかできない）**状態におちいってしまうことが、これにあたります。

もちろん、セミナーで紹介されるノウハウの中には、手順や言葉などを十分に練りこんでいるものも多くあります。そのような場合はそのままノウハウを活用したほうがうまくいくものもあるでしょう。

しかし、現実の人間関係やコミュニケーションは、ある程度は類型化できても、すべてのシチュエーションを網羅することはできません（もちろん、この本の内容もそうです）。

だからこそ、本質がわかっていなければならないのです。

何がこのノウハウの肝（キモ）になっているのかが理由とともに理解できていれば、必ずしも手順通りでなくてもうまくいくことができるようになります。

そのためには、何がこの**ノウハウの成功要因**なのかをしっかりとつかむことです。**どの要素がなければ成功しないのか、また成功に行きつく仕組みはどうなっているのかをつかむ**ようにしてみましょう。

これはワークやディスカッションの運営でも同じですね。

手順書（講師マニュアル）通りに実施することは大切ですが、それだけでは状況によって、臨機応変に対応することが出来なくなってしまいます。

秘訣 27

物事の本質をつかめばノウハウを応用できる。そのためには、ノウハウの成功要因をしっかりつかむようにしよう。

②自分を謙虚に見つめる力

講師に「自信」は重要です。自信のない講師は、受講者にポジティブな価値を提供することが出来ないですから。しかし、「過信」は禁物です。

過信になった状態が巻頭の「②上から目線講師」なわけです。

自分が「放漫」になっていることは、誰も教えてくれません。

自分に自信を持ちながらも、謙虚に自分を見つめて周囲から学びを得る力こそが大切です。そのためには、**「すべての人・ものごとから学べる」こと**を理解する必要があります。受講者が自分より経験の浅い人であっても、ベテランであったとしても、全ての人から学ぶことができます。そして、そのことに感謝する気持ちが大切です。それこそが、講師の「人間力」を育てます。

ものごとから学ぶことについては、別のセッションで触れていきましょう。

秘訣28
自分を謙虚に見つめてみよう。そのためには、すべての人やものごとから学ぶスタンスが大切である。

③自分の現実に適応する力

これは一言で言えば「実行力」です。

どんなに素晴らしい学びを得ても、それを現実の自分の世界で使っていかなければ、「知識」でしかありません。

単なる知識レベルの講義は、迫力や説得力がありません。なぜなら実感が伴わないからです。このままでは巻頭の「⑩頭でっかち講師」で終わってしまいます。

秘訣29

学んだノウハウは自分の現実で活用・実行してみることで、はじめて説得力を持って語れるようになる。

学んだことの「本質」をとらえ、自分を「謙虚」に振り返り、現実に「適応」(活用)する・・・そうして初めて真の学びを身につけることが出来るのです。

そして実行をしたら、振り返りをしてさらに成長していきましょう!

2 あなたの「ゴール」は何か?

さて、このセッションはちょっと深い質問からスタートしましょう。

「あなたが人生を通して達成したいこと(作り出したいこと)」は何でしょうか?

「毎日、忙しいんだよ。そんなこと考えていないよ！」

「何をそんな面倒なことを言っているんだ」

「そんなことを気にしなくても、講師はできるじゃないか！」

「自分の講義担当はたった数時間だ。それを〝人生レベル〟で言われても・・・」

こんな風に思われる方もいらっしゃるかもしれませんね。確かに、人生で達成したいことや作り出したいことなどを考えていなくても講師はできます。


でも、**迫力が全く違う**のです！人生の「ゴール」「目的」「使命」から生きている人と、そうでない人。全く違います。

これは講師に限ったことではありませんね。あなたの周りを見まわしてみましょう。**人生を明確な目的や使命を持って生きている人とそうでない人を比較すると、日頃の言動が全く違いませんか？**

（誤解しないでくださいね。人生の明確な目的や使命が見えていないからと言ってダメだというつもりはありません。ここでは両者の違いについて考えていただきたいだけです。）

秘訣30 人生の目的やゴールから生きている人とそうでない人は、言動の質が全く違うことを知ろう。

ここで言う目的や使命は、**「個人の成功」**のさらに上にあるものです。

「お金持ちになりたい」とか「名声を得たい」ということよりもはるかに次元が上の概念です。収入を得ることはもちろん大切ですが、それが第一目的ではありません。

この本では**「稼ぐ講師を目指すとイマイチ講師になる理由」**というサブタイトルがついていますよね。

あなた個人の成功だけの枠組みで考えてしまうと、目的も独りよがりなものになってしまいます。そうではありませんよね。あなたは「社会的な存在」なわけですから。

秘訣31 個人の成功のさらに上にある思いを持っているか、社会的存在としての自分を考えよう。

逆に、中には壮大な目的やビジョンを掲げている講師もいます。

それも素敵なことだと思いますが、意外と足元がふらついている（口だけで、思いと日々の行動が結びついていない）人もいます。

自分の思いをしっかりと地に足をつけて行動していますか？　夢のようなことだけでなく、現実に結びつけてきちんと考えていますか？

これをしっかりしないと、優先順位がつけられなくなります。

例えば、研修やセミナーを通して、自分の人生で地球レベルの「世界の平和」を実現したいと思っている講師がいたとしましょう。

思いの部分が強すぎると、「平和のための行動」として、何をすればよいか迷うことになります。募金をすることもできるでしょう。街頭で平和について語ることもできるでしょう。世界の政治家たちにアプローチすることもできるでしょう。ネットで平和の重要性について思いを語ることもできるでしょう。世界各地の平和貢献活動に加わることもできるでしょう。「世界の平和」のためにあなたができることは、無数に存在するのです。

でも、優先順位をつけずにそういうことにいちいち時間を取られていては、目の前のセミナーの準備が不充分になり、**結果として自分の目的達成から遠ざかる**ことになります。

自分という資源は限られています。では、**あなたの持っている資源**はなんでしょうか？　そうですね、いわゆる経営資源と同じ切り口で考えられます。「ヒト＝人脈」「モノ＝資格、コミュニケーションツール（タブレット・ＰＣなど）」「カネ」「情報・ノウハウ」そして「時間」ですね。これらをどう活用して、自分の目標達成をするかが大切なのです。

秘訣32

壮大な目的・ビジョンだけでもうまくいかない。地に足をつけて行動することが、目的達成につながっていく。

私自身も、講師をおこなうことに対して、大きなビジョンや思いを持っています。目の前のセミナーの成功だけでなく、そのずっと先の状況を意図して行動しています。でも、そのような大きな意図が目の前のセミナーとも結びつくようにする必要があるのです。

さて、企業内の人事異動の一環で人材開発部門にきた人もいらっしゃると思います。「思いや目的が大切なのはわかるけれど、自分は特に希望して人材開発部門に来たわけじゃないよ」という状況もよく理解できます。

でも、せっかくのチャンスです。人材開発の部門は、経験したくてもなかなかできないところです。自分の任期を通して、多くの人（時には他社の人材開発担当者）たちとの交流もあるでしょう。

あなたの任期の中で、何が実現できたら、人の役に立てるのでしょうか？

ぜひ一度、真剣に考えてみてください。これが、巻頭の「**⑦やらされ講師**」から卒業するチャンスなのです。

秘訣33

あなたが人材開発部門に望んで来ようとそうでなかろうと、人の役に立つことを通せば、自分は自然と成長する。

3 自分を立体的に分析してみよう①
過去からのメッセージ

私は27年間、一貫して講師をしているのですが、実はその原点は学生時代のアルバイト（進学塾で3年間、中学生に英語を教えていた）にあります。

でも、そのことに気づいたのは、講師10年目の時、社外に対して「講師プロフィール」を提示する必要があったときなのです。その時に初めて、自分の過去をキチンと振り返りました。

そして、もうひとつご紹介したいことがあります。

私はよくお客様の企業内で「キャリアデザイン」の研修を担当することが多いのですが、研修の事前課題として入社後（社会人になってから今まで）の自分の体験を振り返ることをお願いしています。しかし、多くの方があまり書けないのです。実にさまざまな体験をしてきているにもかかわらず・・・。

これらの話は、何を意味しているでしょうか？

そう、人は、**目の前の仕事を懸命におこなっていると、自分が何を学んできたのか、何を得てきたのか、自分自身を客観的に見つめて整理する時間を持たないで過ぎ去ってしまう**ということなのです。

これはもったいないことです。なぜなら、自分の過去には**自分がこれから進んでいくうえでのリソース（資源・財産）になるものがたくさんあるにもかかわらず、それを活用できなくなってしまう**からです。

秘訣34
目の前のことだけを懸命におこなっていると、自分の過去の財産（リソース）に気づけなくなる。

もしかしたら、過去を振り返ることに価値を感じない人もいるかもしれません。

例えば、「自分は人前で話をすることが苦手で大嫌いだ」と思っている人がいるとしましょう。そのまま過去を振り返っても、人前で話してうまくいかなかった経験ばかりを思い出し、「ほら、やっぱり自分はずっと話すことが苦手だった」と苦手意識を強化してしまうことになりますよね。

人は「できること」よりも「できないこと」にフォーカスをしがちです。

だから多くの人は、過去を思い出そうとすると、うまくいかなかった体験ばかり思い出して苦しくなってしまう傾向があります。そして過去にフタをしてしまうのです。

秘訣35
人はできることよりもできないことにフォーカスしがち。過去の体験も、うまくいかなかったことを中心に思い出してしまう。

でもきっとあるはずです、自分の未来に役立つ体験が・・・。では、どのように探したらよいのでしょうか。そこで、こんな質問を用意しました。

【あなたのリソースを探すための質問】

①あなたが「学ぶことの面白さ」や「成長することの楽しさ」にふれたのは、どんなときですか？

②あなたが「人に話す（情報を共有する）ことの価値」を実感したのは、どんなときですか？

③あなたのこれまでの経験で、特に「講師」の仕事に役立っていると思うものは、どんな体験ですか？

①〜③の質問がありますので、ノートを用意して各質問に答えてみてください。中にはちょっと難しく感じる質問があるかもしれませんが、**最近のことでも大昔のことでも小さいことでも大きなことでも仕事のことでも趣味のことでも家庭のことでも結構ですから、複数の体験を思い出してみて**ほしいのです。

①は、「学生時代の△△先生の教え方が面白くその教科が好きになった」などという体験があるのではないかと思います。私も、中学時代の英語の先生の授業が好きで、それが前述の進学塾での英語講師の道につながりました。

また、③は「これまですべての経験が役

立っている」と感じる方も多いと思います。そのとおりですね。**過去のどんな体験もあなたの講義における財産になります。**

あなたのすべての経験は、「講義中の事例」や「受講者とのかかわり」などにリソースとして使っていけるのです。もちろん、過去の失敗事例なども財産になります。

たとえ、あなたが**中途半端な努力でうまくいかなかった失敗を持っていたとしても、その体験そのものが貴重な事例になります。**まさに受講者の中にも同じような人がいるでしょうし、そのような過去がありながらも、**今、講師として輝いているあなたを見て、その中に「希望」を見つけるのです！**

秘訣36 失敗も成功も、努力した体験も努力しなかった体験も、あなたの過去のどんな経験も、講義において財産になる。

また、②では、正式なプレゼンではアガってしまうけれど、実は「自分の思いの強いもの（趣味や信念など）について語るとき」や「心を許した友人」に対しては、自分でも驚くほど饒舌になったりする体験を思い出した方もいらっしゃると思います。

それでいいのです。

状況次第では、あなたはしっかりと話すことができることができるという事実は、

必ずあなたのリソースになります。

4 自分を立体的に分析してみよう②
強みと成長課題

このセッションでは、別の角度であなたのことを考えてみましょう。

あなたの過去の体験の中に、リソース（資源となるもの）はたくさんあることがご理解いただけたかと思いますが、実は現在の自分にも、講師としてすでに発揮できているリソースもたくさんあるのです。

そこで、まずは自分自身でも気づかないかもしれない、「あなたの強み」を見つけていきましょう。

次のページのチェックリストを見てください。基本的には、**「あなたが講義をおこなうとき」のことを想定してチェックしてください。**講義をしない方は、社内やお客様に対するプレゼンやコミュニケーションを意識してつけてみましょう。

■あなたのリソース探し

以下の内容を読み、常にあてはまる（意識している）項目は４、全くあてはまらない（意識していない）項目は１のほうにチェックしてください（その中間は３と２）。

最後に、各項目の合計点を記入しましょう。

		常に 4	3	2	全く 1
ビジョン・ミッションから生きる力		合計点：			／12
1	この仕事を通して実現したい自分の目標を明確に持っている				
2	自分の目標の先にあるさらなる思いが明確になっている				
3	「成長」に対する強いモチベーションを持ち、常に自分を磨いている				
情報収集・活用力		合計点：			／12
1	お客様や社内に関する情報収集をしっかり行っている				
2	伝える内容に関して、充分な専門知識を持っている				
3	日頃から高い問題意識を持ち、世の中の動きに敏感である				
プレゼンテーション力		合計点：			／12
1	聞き手にわかりやすい言葉で伝えるようにしている				
2	重要なポイントをしっかりと印象に残るように伝えることができる				
3	聞き手の心をつかむような伝え方を心がけている				
ファシリテーション力		合計点：			／12
1	計画通りに進めるだけでなく、状況を的確につかんで臨機応変に進めることができる				
2	全員を巻き込んでその場を上手に仕切ることができる				
3	自分の考えや意見に固執せずに、その場を進行することができる				
傾聴力		合計点：			／12
1	一方的な情報の押し付けではなく、相手の話をしっかりと聞き出すことができる				
2	相手に話してもらえるように上手に促すことができる				
3	相手が本当に何を言いたいのかを的確につかむことができる				
論理的思考力		合計点：			／12
1	ものごとの本質を深く理解することができる				
2	多くの情報を混乱せずにすっきりと整理することができる				
3	情報の階層化をその場で的確におこなうことができる				

4段階チェックになっていますが、特に当てはまる（意識している）と思った項目は4、全くあてはまらない（意識していない）と思った項目には1、その中間を3や2としてつけてみてください。

各質問は、あえて抽象度の高いものにしています。ですので、あなたの様々な現状に思いをめぐらせながら、4から1のどれに当てはまるかを決めましょう。瞬間的に思いつきでつけるのはなく、**少し時間をかけてじっくりと考えて**ください。あくまで自己評価で構いません。また、その過程で思いついた事柄（自分の強みとして思いついたことなど）は、ノートに記録をしておきましょう。

全ての質問に答え終わってから次のステップに進んでくださいね。

お気づきの方も多いと思いますが、**1章の「本物の講師に求められる6つの力」の切り口とリンク**させてあります。

さて、これらの質問（全18問）から面白いことが見えてきます。

これらは4段階の質問ですので、中間が存在しません。

つまり、「どちらでもない」が存在しないので、**（意識的かどうかは別にして）各質問に対して自分がポジティブな思いを持っているのか、ネガティブな思いを持っているのかがハッキリとわかる**ようになっています。

そこで、改めてあなたがつけたチェックリストを確認してみましょう。

4または3をつけた項目は何ですか？　項目の数が多い人、少ない人があったかと思いますが、それは重要ではありません。

これらは**あなたが「強み」として意識している項目**で、さっそくあなたが自分のリソースとして使えるものです。**強みは、意識して磨くことで「本物の強み」として輝かせることができるのです。**

秘訣37　「強み」の項目は、意識して活用して磨くことで、「本物の強み」として輝かせることができる。

さて、2と1をつけた項目は、少なくとも現段階では**「自分の成長課題」と認識している項目**だと思います。これは少しずつ改善できるようにしていったほうが良いですよね。

ところで、「強みの強化」と「弱みの克服」のどちらが重要でしょうか。

「秘訣35」でもご紹介しましたが、人は弱みやできていないことにフォーカスしがちです。

でも、逆なのです。**強みは、「できて当たり前」なこととして、見向きもしない人が多い**のです。まずは自分の現在持っているリソースをしっかりと認めて磨くようにしましょう。なぜなら、それらは**あなたならではの強み**なのですから。

もちろん、程度問題にもよります。トラブルが頻発していて至急改善が必要な項目があれば、そこから手をつけるべきでしょう。ただ、強みをしっかりと認めて伸ばしている人は多くありません。だからこそ、価値があると思いませんか？

秘訣38

「強み」は「できて当たり前」と思われがち。だからこそ、強みを輝かせることに価値がある。

さて、各質問は少し抽象的だったと思いますが、だからこそ、さまざまな状況（シチュエーション）について考えてもらえたかと思います。

その中で出てきた自分のリソースになる状況はありましたか？

例えば、「全体的にはあまりできている実感はないけれど、○○の状況の時にはうまくできるときがあるなぁ・・・」といった自分の中の会話はとても重要です。

それこそが、自分の財産になるものだからです。

5 講師としての自分に求められる「人間力」とは？

このセッションのテーマは「人間力」です。

講師の仕事は、**私たちの「人間力」を磨く素晴らしいトレーニングの場になります。**

なぜなら、ここまでずっと扱ってきたように、**講師とは「他人を意識すること」であり、「自分を高めること」であり、「影響力を発揮すること」**だからです。

秘訣39

講師の仕事は、私たちの「人間力」を磨く素晴らしいトレーニングの場になる。


想像してみてください。もし、講師に人間力がなかったら、どうなるでしょうか。

もしあなたが人間力の低い講師の研修を受けたとしたら・・・。

ちょっとシミュレーションしてみましょう。

「講師が自分の意見や考えに固執してしまい、受講者の多様な意見を受け入れられない」→「受講者を否定してしまい、自分の考えを押し付ける」→「受講者が広い視野や知見に触れる成長の機会を阻害する」→「受講者が積極的に参加したいと思わなくなる」→「受講者が研修や学ぶことはつまらないものという印象を持つ」→「日頃の成長意欲が減退する」・・・。

わかりやすいように、ちょっと極端に書いてみました。**要は人間力の低い講師が研修を担当すると、研修の場だけではなく、その後の参加者の人生にもネガティブな影響を及ぼしてしまうのです。場合によっては、一生の損害にもなります。**

秘訣40 講師の人間力の有無は、参加者の一生にかかわることもある。

また、人間力が低いと、決められたカリキュラムや用意した原稿がすべてになってしまい、「現実に教室で起きていること」に対応できないという事態におちいります。現実を受け入れるだけのキャパシティがないんですね。

ここまでお読みいただいてご理解いただけるかと思いますが、この本では人間力のことを**「人間としての器の大きさ」**だと考えています。

秘訣41

人間力とは、「人間としての器の大きさ」である。日々、人間としての器を大きくすることを意識しよう。

皆さんにもありませんか？学生の頃、先生が嫌いなために、その教科そのものが嫌いになった経験。少なくとも、私にはあります。中学生の頃、子どもながらに、ある先生の人間力の小ささに嫌悪感を覚えてしまったのです。ところが、嫌いになってしまった科目は受験に必須の教科だったために、その後の私の人生そのものに大きな影響を及ぼしてしまいました。

人間ですから好き嫌いはあります。ですから、**「全員から好かれよう」などと思う必要はない**と思います。逆にみんなから好かれることを意識すると、当たり障りのないことしか言えない講師になってしまうでしょう。本当に指摘すべきことを言えなくなってしまうのです。

しかし、**好かれることを目指すのではなく、人間力を磨いて受講者を受け入れることで、結果として、多くの人がスムーズに学べる機会を作ることができる**ようになるのです。

秘訣42 受講者から好かれることを目指すのではなく、受講者を受け入れることが、受講者の学習を促進する。

先ほど、人間力のない講師のサイクルを考えてみました。これは、逆のサイクルにもしていけるわけです。

想像してみましょう。もしあなたが人間力の高い講師の研修を受けたとしたら・・・。「講師は自分の知見をしっかり持っているが、受講者の多様な意見に対しても聞く耳を持ち、引き出してくれる」→「講師が受講者どうしの対話を尊重し、さまざまなものの見方に触れさせてくれる」→「受講者の広い視野や知見に触れる成長の機会となる」→「受講者が積極的に参加したいと思う」→「受講者が **"研修や学ぶことは楽しいことだ"** という印象を持つ」→「受講者が強い成長意欲を持つ」・・・

そしてもちろん、「その場で起こるすべての出来事」が教材だと受け止める余裕がありますから、その場の状況にあわせたプログラムを作り上げていくことができます。

これは緊張しているとか、していないとか・・・というレベルの話ではありません。

前章のコラムでも書いた方法で緊張をコントロールできたとしても、**人間力の低い講師では、その場で起きていることを受け止めきれないから**です。

また、**「人間力」でもう一つ重要なことは、「謙虚」であること**です。

巻頭でもふれましたが、**「②上から目線講師」**は、まさに謙虚さの不足から来ています。

自分が作り出した圧倒的な成果に驕ってしまい、現場のすべてがリソースであることを忘れてしまうのです。自分以外のすべての人や状況に謙虚に意識を向けることで、もっと成長することができるにもかかわらず・・・。

秘訣43 ポジティブな人間力のサイクルを回すことで、受講者の強い成長意欲を引き出すことができる。

さて、このセッションの内容をふまえて**「自分が人間力の高い講師である」という状況をじっくり味わって（想像で体験して）**みてください。どんな感じですか？

強い貢献・達成の気持ちが芽生えてきている人もいるかもしれませんね。自分の心の可能性が広がったという人もいるかもしれません。

あなたが想像できることは、現実の世界でも作り出すことができます。なぜなら、人は実現できないことは想像しないからです。

秘訣44
人間力の高い自分を想像してみよう。人は、想像できることは実現できるのだから。

ところで、講師をする側も「商売」だと考えると、一度ついたお客様はとことん囲い込みたいところでしょう。

でも、**一人からとことんしぼり取ろうとする発想でいる限り、講師としての人間力は低い**と言わざるを得ません。単に「生活の手段として」セミナー講師を選んでいるにすぎず、**自分本来の「使命」から生きていません。**

私は、そのような講師を**「講師屋」**と呼んでいます。

批判をしているわけではありません。そのような生き方を選ぶことも人生の一つでしょう。私たちは仕事を通して収入を得、生活しているわけですから、しっかりと収入を得ることは大切です。

でも、受講する側もそれをきちんと理解する見識が大切ですし、講師をする側も自分自身をしっかりと見つめ直してほしいと私は思っています。

それは本当に「あなたが人生を通して達成したいこと」とリンクしていますか？

受講者に大げさな宣伝やウソを伝えていませんか？

いまの「商売」は、あなたが「人として本来いるべきステージ」なのですか？

巻頭の「**⑨瞬間風速講師**」ではなく、受講者の一生の学びにつながる姿勢を見せていけたらステキですね。

秘訣45

「研修屋」ではなく、講師としての「使命」から生きていこう。

コラム②
講師って笑いを取らなきゃならないんでしょう？

この質問も良く聞かれるんです。「面白い研修＝講師が面白いことを言う」というイメージがあるのだと思います。もちろん、そういう研修もありますよね。冗談をたくさん言って、グイグイ引っ張っていく・・・そんなスタイルが得意な講師もいらっしゃいます。

でも、このようなスタイルでなくても、面白い研修は作れるんです！　その証拠に、私は冗談はあまり言いませんが、皆さん「面白い研修だった」って言ってくれるんです。

それは**「参加型」のプログラム**だからです。

討議やワークが中心になれば、グループのメンバーとたくさん会話をすることになりますよね。それが楽しいのです。もちろん、まじめなテーマについて話し合うことも多いですが、その合間にいろいろな話に発展して、みんなゲラゲラと笑い声を立ててくれます。それを止めないようにするのです。もちろんずっと脱線されてしまっていても困りますが、雰囲気ができてしまえば、メインテーマについて話し合っていても、笑い声は絶えることがありません。工夫ひとつなんですね。

秘訣46

参加型のプログラムにすることで、結果的に「面白い研修」になる。

そして、もちろん講師（私）が面白いことを言うこともあります。その時に気をつけていることは2つあります。

一つは、「**ネガティブな笑いは取らない**」「**内輪向けのジョークは言わない**」ことです。「ネガティブな笑い」とは、誰かを貶めたり、ブラックジョーク的な笑いのことをいいます。これらは、決して気持ちの良いものではありませんし、それで気分を害してしまう人もでてしまいます。頭ではわかっていても、ついつい無意識に口に出してしまう人も多いのではないでしょうか。

いわゆる「毒舌キャラ」の人もいるかもしれませんが、その時はみんな付き合いで笑っても、あとで陰口を言われたりします。そういう人をたくさん見てきました。

ですから、もし面白いことを言うにしても、だれも傷つかないような話に限定しています。

その場で受講者が話した面白い発言に乗っかったりするのも一つですね。そのときに重要になるのが「内輪向けのジョークにならないようにする」ことです。聞き手のみんなが理解できるように話すことが重要です。

秘訣47

ジョークを言うときは、「ネガティブな笑いは取らない」「内輪向けのジョークは言わない」ことを心がけると良い。

慣れてきたら、いくつか鉄板のジョークを用意しておくのも手です。ジョークは狙って言うと外すことが多いです。ですので、外さない（すべらない）ネタをいくつか持っているといいですよね。これは研修中に偶発的に出た面白い話をストックしておくとよいと思います。

「以前の研修受講者で、こんな話をしてくれた人がいまして・・・」などと話し始めると進めやすいのではないでしょうか。

第2部

”売れっ子講師“現場・実践編

第２部では、“売れっ子講師”になるための実践や、実際の現場での行動についてお話ししていきます。

第３章『本物の講師力①　場づくり力』～“想い”だけでは人は動かない～では、理想の講師になるために身につけるべきスキルと受講者が意欲的に学べる環境づくり（説得力、場づくり、資料など）について学んでいきます。

そして、第４章『本物の講師力②　事前準備と状況対応力』～研修を成功に導く「ビフォア」と「イン」の法則～では、準備と本番の講義のつながりなどについて実践的にご紹介します。現場では思いもよらない落とし穴も待っているのです。

第3章

本物の講師力①
場づくり力

～“想い”だけでは人は動かない～

1 使えるネタに単純に飛びつくと「信用を失う」

ここからのセッションは、これまでの内容をふまえて、実際の研修（やセミナー）の現場でどのような力が求められていくのか？ また、どのようにしていったら本当に効果のある研修になるのか？ を具体的に考えていきましょう。

さて、有名なもののたとえで**「鳥の目、虫の目、魚の目を持て」**・・・というものがあります。さまざまなブログなどで書いている人も多いですね。

シンプルに書けば、**「鳥の目＝全体を俯瞰すること」「虫の目＝目の前の現場をしっかりとみること」「魚の目＝流れや変化をつかむこと」という3つの目が大切だ・・・**ということで、どんなサイト（あるいは本）を見ても、もっともらしく書いてあります。

これは確かにそのとおりだと思います。

でも、本物の講師を目指すあなたであれば、**「あ！ この話、使えるな」**と単にコピーしないでほしいのです。なぜなら、**本物の自分の話になっていないので、説得力が弱い**からです。もちろん、そのコンテンツ自体が強力であれば、聴き手にとってそれなりに価値のある話になるでしょう。でも**あなたがそれを話す必然性や強い思いが伝わらなければ、単なる借りもの**です。また、受講者から出典について尋ねられたときに答えられなければ、信頼を失ってしまいます。

気に入った事例や話題を見つけたら、ぜひ次の質問に答えてみましょう。質問に答える過程で、あなたが本当に説得力を持って話せるネタに進化していくはずです。

①この話は、いったい誰が言い出したものなのか？（オリジナルなのか？）
②そのうえで、本当に信頼できる話なのか？（データであれば、本当に正しいのか？　他に考えられるものはないのか？）
③それを裏付ける身近な（自分が体験したり、職場などであったリアルな）例はないか？　また、話の聞き手にとって価値のある話に展開できるか？
④もし自分なりにオリジナルなものにするのであれば、何をどう追加・変更したらよいか？

まず、①は自分で可能な限りたどってみましょう。

オリジナルにたどり着ければベストです。そして、本人の思い（本来の趣旨）を理解しましょう。たとえオリジナルにたどり着けなかった場合でも、その過程で調べた作業は決して無駄にはなりません。

例えば私の場合は、「鳥の目・・・」を調べていて、ある大学教授にたどり着いたのですが、直接問い合わせをしたところ、さらに昔から言われていたことだと判明し・・・。でも、こういうことも自分の学びになりますよね。

前著ではウォルト・ディズニー氏の言葉を書きましたが、裏付けをとるために、オリエンタルランド様に問い合わせもしました(とても誠実にご回答いただけましたよ)。

このような経験こそが、（直接の成果に結びつかなかったとしても）講師の情報収集力を高めてくれるはずです。

秘訣48

可能な限り、データや学説のオリジナルにまで遡って調べてみよう。その作業が、自分の情報収集力を高めてくれる。

次に、②については、次のような点に気をつけましょう。

【データの場合】

・本当に正しい方法で取られたデータであるか？（偏った集団による少人数の調査を一般論化して表示しているものでないのか？）

・都合のよいところだけを取り出していないか？（全体の調査のうち、持論に都合のよいところだけを取り出していないか？）

・データの前提が限られた条件になっていないか？（ある特定の条件のもとの調査結果ではないのか？　メラビアンの法則などは、まさにこれですよね）

・同様の調査で違った結果の出ているものはないのか？（データは、調査方法によってバラつきが必ず発生します）を把握しましょう。

データの出典に戻れば、本当に研修で伝えるに値するデータであるかがハッキリわかりますね。

【学説の場合】

・その意見は一般的に認められているものであるか？（○○大学講師、○○協会会長などの肩書に騙されないようにしましょう。残念ですが、彼らの情報のすべてが必

ずしも正しいわけではありません)

・感情を抜きにした場合でも信頼できるものであるか？(特に、健康や生活環境に影響のある情報などは、ヒステリックな感情が引き起こされてしまい、正しい判断ができなくなることが多くなりがちですので要注意です)

データや学説が**客観的に見て納得感のあるものであるかを、思い込みを捨てて検討すること**が大切なのです。自分の頭でしっかり考えることが重要です！

そうしないと、講師であるあなたの信頼性も疑われてしまいますよ。

秘訣49 データや学説の信頼性を調べるときは、思いこみを捨てることが大切である。

「鳥の目・・・」に話を戻せば、NHKのEテレで使われたときには、さらに「コウモリの目(ものごとをサカサマに見るなど、常識にとらわれずに見る)」が追加されていました。ほかには、「自分の目」や「人の目」を追加している人もいますね。

たとえばあなたが「3つの目」よりも先に「4つの目」として学んでしまったとしましょう。その際に「4つの目」の話を当然だと信じずに、きちんと**オリジナルの「3**

つの目」に行きつけるかが大切な感性なのです。

そして**③ができるかどうかが、講師としての力量が問われる**ことになります。

講師自身の事例は、話しても話さなくても構わないと思います。事例を話すことが効果的になる場合もあるでしょうし、逆に言わないほうが受講者の学びに役立つ場合もあるからです。

「話の聞き手にとって価値のある話」だと思えるように伝えることが大切なのです。

秘訣50 世の中のデータや学説に対し、講師自身の体験談を入れるかどうかはそれが聴き手にとって価値を生むかどうかで決めるべきである。

④は絶対にしなければならないわけではありません。逆に、本質がわかっていないのにオリジナルなものにされても迷惑なだけです。

個人・企業を問わず、**ブログなどでは、そのようなものが多くありますね。だからこそ、ブログ（や本）の情報をそのまま鵜呑みにしてはいけないのです。作者の情報リテラシーや本質把握力がどの程度かが不明**だからです。

オリジナルにするという作業は、しっかりと自分なりに検証する作業が必要です。

そのような検証をしっかりとしたうえで話を使うのと単に他人の話を丸写しするのでは大違いですよね。

これが巻頭の「**①聞きかじり講師**」から卒業するために大切なスタンスなのです。

秘訣51

ブログや本で発信されている情報は、しっかり検証し、自分のものにしてから活用しよう。

2 人はどのような時、「意欲的に学ぶ」のか？

このセッションでは、「人はどのような時やシチュエーションなら、自ら意欲的に学ぶのか」、そして「どのようにして学びを出すのか」というテーマで考えていきましょう。

皆さんも経験があるかと思いますが、**学ぶ意欲は「自分が強く実感したとき」に高まりやすいもの**です。たとえば、以下のようなきっかけが多いです。

・「もっと自分も頑張らなくちゃ」と実感したとき
・自分のうまくいっていない点に直面したとき
・もっと成長したいと強く思ったとき
・「この人から学びたい」と思える人に出会ったとき
・他の人の努力をしている姿に刺激を受けたとき・・・などです。

このような体験をしたとき、人は自分を謙虚に見つめ、学びに対するモチベーションを高めるのです。

だからこそ、研修においては「参加型のプログラム」の価値があるのです。

「参加型プログラム」によって、ワークや演習などを通して自分で体感し、ディスカッションをとおして参加者相互に刺激し合える場を作ることができるのです。

秘訣52 研修においては、自ら体感し、相互に刺激し合える「参加型プログラム」が学びに対するモチベーションを引き出しやすい。

もちろん、昔からあるスタイルである一方的な講義を「座学」で聞くことも、一つの刺激になることもあるでしょう。

学習定着率(Learning Pyramid)

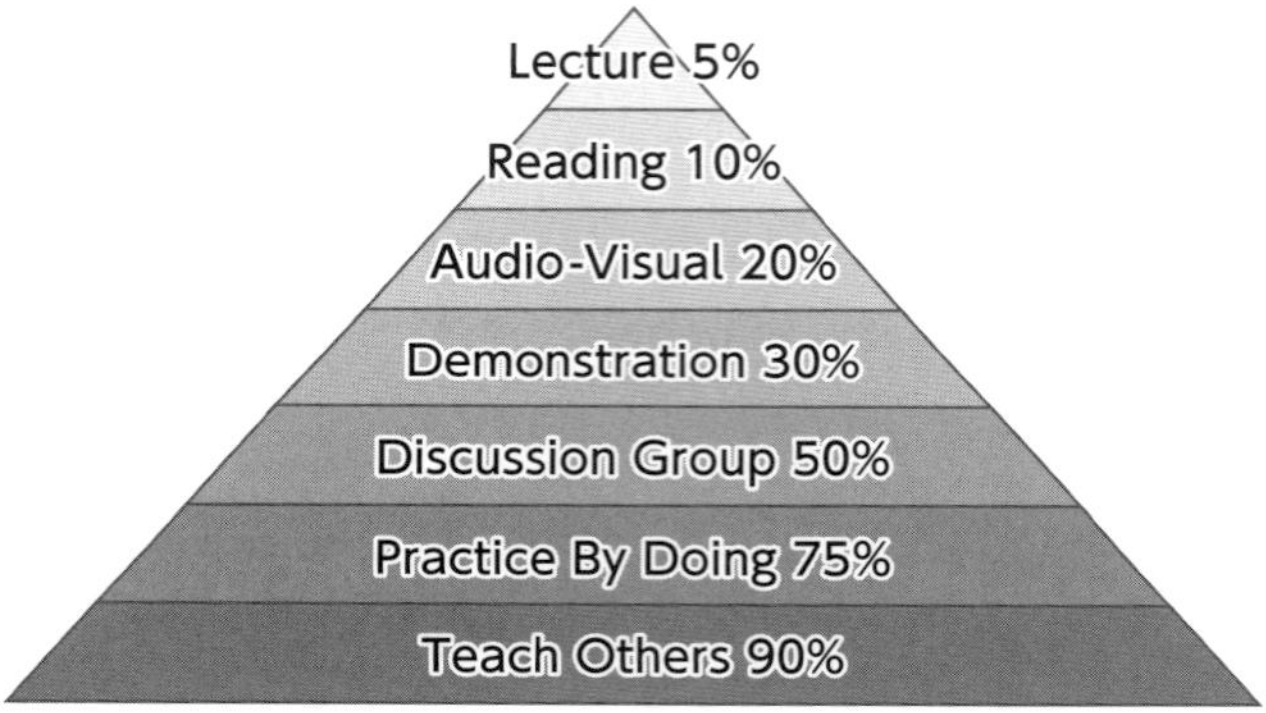

(出典：National Training Laboratories)

でも残念ながら、よほど上手な話し手でない限り、単に話し手の理論や体験を一方的に聴くだけでは、受講者の実感が伴いづらいのです。

その理由は、こんなデータで理解できると思います。**上の図は、「学習定着率」**というものです。

さまざまな教え方で学んだ内容をあとでどれだけ覚えているかをデータにしたものなのですが、**教え方によって大きく数字が異なります**ね。なかなか興味深い結果になっています。では、それぞれを詳しく見ていきましょう。

ピラミッドの上から(数値の小さい順に)簡単にご紹介すると、

・Lecture［一方的な講義を聞く］＝5％、
・Reading［資料を読む］＝10％、
・Audio-Visual［ビデオ（視聴覚教材）を見る］＝20％、
・Demonstration［見本を見る］＝30％、
・Discussion Group［グループで討議する］＝50％、
・Practice By Doing［実習（体験）をする］＝75％、

そしてもっとも学習定着率が高いのは、
・**Teach Others**［他人に教える］＝**90％**という結果になっています。

このデータについて詳しく調べてみると、アメリカのオハイオ州立大学教育学教授エドガー・デール氏の学習経験の分類図「経験の円錐：Dale's Cone of Experience」が元になって変化したものだと言われています。

なお、このデータは絶対的なものではありません。「数値の明確な根拠が示されていない」、「オリジナルのデール氏の論文が改変されてしまっている」という批判もあります。そのうえで、あえてなぜこのデータを取り上げたかというと、**研修現場にい**

て**納得感が高いと実感する**からです。

私たちの伝え方が相手にどのようなインパクトを与えるかの「傾向を知るデータ」としては大いに有効なものではないかと考えます。

ですから、細かな数字にこだわり過ぎずに見ていただければと思います。

さて、このデータから言えることは何でしょうか?

①「一方的な講義」や「資料を読ませる」だけでは、学習効果が低い。

②「グループ討議」や「実習」「相互の教えあい」など、受講者の参加度の高いものほど、記憶の定着率が高い。

よって・・・、

③一方的な講義だけでなく、他の方法も組み合わせたほうが、学習定着率が高まる。

と言えるかと思います。

秘訣 53

人が学ぶ際の「記憶」に意識を向けることは重要である。したがって、学習定着率のデータから学べることは多い。

秘訣54 「一方的な講義」や「資料を読ませる」だけでは、学習効果が低い。このような教え方をしていないだろうか？

秘訣55 受講者の参加度の高いものほど、記憶の定着率が高くなる。よって、一方的な講義だけでなく、参加型の要素を入れよう。

これらのことをふまえて、あなたの現実の講師活動（勉強会や部下指導でも同様です）の中で何をしたらよいでしょうか。

ひとつは、前述のとおり「一方的な教え方」ではなく、参加型の要素を入れることです。さぁ、あなたには何ができますか？　まずは自分なりに、あれこれ考えてみましょう（ぜひ時間を作って考えてみてください）。

参考までに、いくつか、アイディアを提供しましょう。

①講義の途中で討議の時間を組み入れる

「グループ討議」といえば、2～30分の大掛かりなものというイメージを持っている人もいるかと思います。もちろんそれもありますが、ちょっと工夫すれば、1～2分

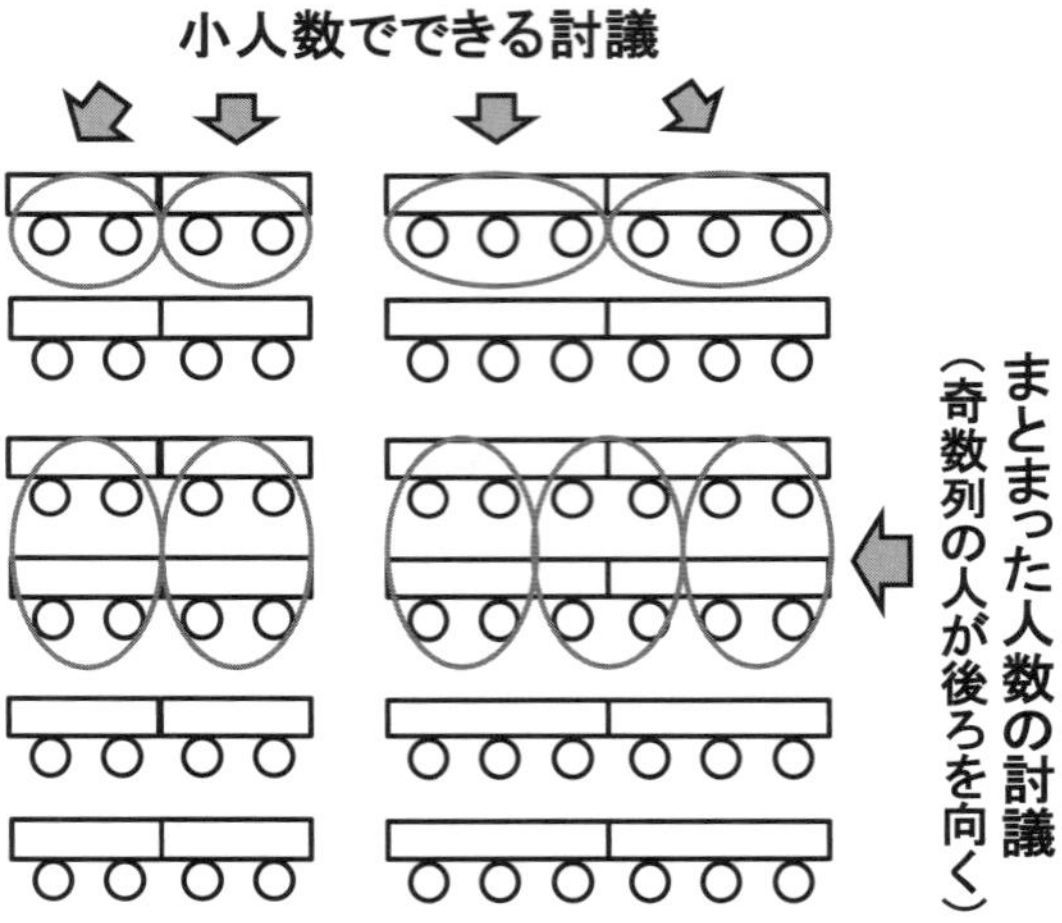

の討議も可能になります。

例えば、「これから講義を行うテーマについて、どの程度知識があるかを紹介し合う」「実際の職場の状況について紹介し合う」「ミニクイズの答えを紹介し合う」あるいは、講義が長く続いてしまった時などに「このページで自分が重要だと思ったことを紹介し合う」こともできますよね。

討議はなにも特別なものではないのです。一方的な講義しかしていない人は、発想を変えてみましょう！

また、そもそも会場をグループにセットしていない会場もあるかもしれません。

研修と言えば一方的な講義しか思いつかない教育担当者もいるものです。「知識教育＝座学＝教室形式の座席」という固定観念を持っている人も多いでしょう。さらには、物理的な条件として、受講人数が多く、グループが作れないときや机が固定されていて動かせないときもあります。

でも、**教室形式の会場であっても討議はできる**のです。

前ページの図を参考にしてください。隣に座っている人（2～3名）と話をする時間を作ったり、もっと大人数の知恵を出させたい場合は、奇数列の人に後ろを向いてもらえば4～5人程度の討議ができるようになるのです。

②休憩前に相互に教え合う

休憩を取る前（や研修の最後）に、ここまでの内容の中で自分にとって何が重要だと思ったのかを「隣の人が**この研修を受けていない人として教えてあげる**」ことをペアワークで実施します。

ペアワークですから、数分でできますし、何よりも、記憶の定着率で最も数値が高かったTeach Others［他人に教える］を実行することができるのです。

秘訣56

ほんの1～2分間の討議でも効果的。工夫次第で、研修を参加型にすることができる。

秘訣57 Teach Othersを研修に取り入れることもできる。最後に受講者相互で教え合う環境を作ってみよう。

つまり、あなたが**本気**で「参加型」の研修にしたいと思っているのであれば、いくらでもできることがあるということです。

さて、最後に「**Practice By Doing〜実習（体験）をする**」ことについて簡単に触れたいと思います。

教育ゲームなどの体験型の演習は効果的です。ただ、ゲームを実施する場合は、上手に段取り（ファシリテーション）をする力が求められます。段取りがめちゃくちゃな演習は、悲惨な結果になります。本来の得たい結果が中途半端になってしまうだけでなく、場が白けたり、講師の信頼感が一気に落ちてしまうことになります。

ですから、しっかりとワークの目的を押さえたうえで、どのような段取り（手順）で進めれば効果が出るのかを事前に必ずシミュレーションしておきましょう。

私は、「**段取り力=シミュレーション能力**」だと思っています。仕事ができない人は、段取りやリスクがシミュレーションできませんよね。講師においても全く同じなのです。

間違っても、どこかで見聞きしたゲームを「面白そうだから」という理由で安易に導入することは止めましょう。しっかりと進行を練っておかないと、やけどしますよ。

秘訣58

ワークを実施する際は、しっかりと段取りをシミュレーションしよう。決して、興味本位だけで導入しないように。

秘訣59

仕事のシミュレーションができない人は仕事ができない。講師も全く同じであることを知っておこう。

3 「記憶に残す」ために、他にもできることがある

このセッションは、先ほどの続きです。

学びを引き出すには「参加型」が効果的であり、そのためには記憶の定着率の高い「グループ討議」や「実習」「相互教授」などが効果的であることをご紹介しました。

では、「一方的な講義」では、まったく記憶に残すことはできないのでしょうか？そんなことはありませんよね。たとえば、素晴らしい講演会に参加して、心が震える体験をし、その後の人生の行動が変わったという人も、いらっしゃることでしょう。そう。何度もお話ししていますが、全ては工夫次第なのです。このセッションでは、「学習定着率」が低めの教え方に関し、どのようにすれば受講者の積極的な行動を引き出せるかを考えていきましょう。

秘訣60

「学習定着率」が低めの教え方でも、工夫次第で受講者の積極的な行動を引き出すことができる。

◇「Lecture ～ 一方的な講義を聞く」で記憶の定着率を高める

どうしても、多くの人の講義が一方的になりがちです。ですので、この項目の内容を厚めに紹介しましょう。

①共感

講義の内容に共感が伴うとき、人は講義内容に引き込まれ、より積極的な聴き手になります。そのためには**「講師自らの体験談を話す」**ことや**「受講者が体験していることにふれる」などが効果的**です。

「講師自らの体験を話す」ことは、いわゆる**その道の専門家・先輩**が話すわけですから、多くの受講者が興味を持ちます。例えば新入社員研修などで先輩社会人としての**失敗談**などを話すと、みんなが目をキラキラさせて聞いてくれます。

ただし、**長ったらしい昔の自慢話は、**「それはあなたの話でしょう?」と思われて**興味を失います。**これは、「経験の長いベテラン講師」や「定年退職後に講師を始めた人」や巻頭の**「②上から目線講師」**がよく陥りがちです。

また、「受講者が体験していること」は、**事前に事務局に聞き出しておく**とよいでしょう。「この教育の前にみんなで体験していることは何か(教育プログラム、職場での体験など)」、そして「受講者たちがぶつかっている壁は何か」などです。

私の場合は、**休憩時間や討議中の受講者どうしの会話**に耳を傾けるようにしています。なぜならその中には、受講者たちが感じているリアルな気持ちが含まれているからです。

秘訣61
昔の自慢話を長く話すことは、受講者の興味を失って逆効果になりやすい。

秘訣62
受講者の共感を得ることで、印象に残すことが出来る。その道の先輩としての講師の体験談はインパクトが大きい。

秘訣63
受講者の体験に関する情報を事前に事務局に聞き出しておいたり、受講者どうしの会話を上手に活用して、共感を得ることもできる。

②メリハリ

同じ話でも、メリハリひとつで興味が持てたり持てなかったりします。巻頭の「⑥**ボソボソ講師**」は、このメリハリがないのですね。

これには、「**間**」**を取ったり、話す**「**トーン**（**声の高さ**）」**や**「**スピード**」**に変化をつけたり**することを、毎回自分の課題として設定し、少しずつ上達させていくことが不可欠です。

しかし、多くの人はすぐにあきらめてしまう（なかなか上達しない→自分はダメだと思い込む）のです。ですが、**決してあきらめないでください！** 必ず上達します。チャレンジの結果これらができるようになると、あなたの話は飛躍的に聞いてもらえるようになり、受講者の成長に貢献できるようになるのです。

秘訣64 受講者の興味を惹きつけてしっかりと聞いてもらうために、あきらめずに「間」の取り方やメリハリ（変化）のつけ方を練習しよう。

③メモ

講師の話を一方的にただ受動的に聞いているだけ・・・。これほど受講者にとって苦痛な時間はありません。その結果として、**「研修とはつまらないものだ」という印象を与えてしまう**のです。これでは、**百害あって一利なし**ですね。

そこでお勧めしたいのは、**メモをしっかりと取ってもらう**ことです。手を動かすことで、受講者に参加してもらうことが出来るのです。また、記録を取ることで研修内容や自分の学びをあとでしっかりと振り返ることができます。

その際に講師が気をつけなければならない重要なことがあります。それは、**「話すス**

ピードと書くスピードは全く違う」ということです。一度受講者の中に入り、話しながらメモを取ってもらうと実感できると思います。

実は、講師が話した内容は、たった一度伝えただけでは、ほとんどの方がメモが取れていないのです。この現実をぜひ実感してください。だからこそ、**受講者をよく見て（表情だけでなく手元も見て）、繰り返して伝えたり、「間」を取ってゆっくりと話すこと**が重要なのです。

メモを取ってもらうことを意識すると、②でご紹介したメリハリも上手になっていきますよ。

秘訣65 講師の話すスピードと受講者のメモを取るスピードの違いを意識して伝えよう。一度伝えただけでは、ほとんどメモが取れない。

④質問

受講者に「**考えてもらいながら進める**」ことも、場づくりにおいては重要です。そのためには、**どのような質問をすれば受講者の問題意識が高められるかを事前に練っておくこと**が大切です。

もちろん「グループ討議」につなげてもよいですが、受講者一人で考えてもらうことも効果的です。なぜなら、自分の職場や経験に照らして考えることで、研修内容に対してより積極的に参加する態度を引き出すことが出来るからです。

秘訣66
質問を事前にしっかりと練っておき、受講者の問題意識を高めよう。受講者個人で考えてもらうことにも大きな価値がある。

◇「Reading～資料を読む」で記憶の定着率を高める

資料を読んでもらう際にも「参加型」にする工夫があります。

資料をそのまま読むだけでは無味乾燥な資料で終わってしまい、研修後に読み返す気持ちが萎えてしまいます。そこで、重要だと思ったところに「下線（アンダーライン）」を引いたり、キーワードに四角や丸などで囲ったり、特に重要なところには二重丸や星印をつけてもらったりすることで、**強調する**ことができます。

このような**「手を動かす」ことで、より視覚的にも身体感覚的にも記憶に残りやすく**していきましょう。

秘訣67

ただ資料を読ませるだけでは印象に残らない。受講者の手を動かして「強調」することで印象に残すようにしよう。

◇「Audio-Visual ～ビデオ（視聴覚教材）を見る」で記憶の定着率を高める

その他、「Audio-Visual ～ビデオ（視聴覚教材）を見る」を上手に活用することもできますね。**ビデオ教材の後にグループ討議を組み合わせる**ことも効果的です。

また、**音楽を効果的に使う**こともできます。休憩時間にアップテンポの曲を流すことで、にぎやかで軽い雰囲気を作ることができますし、ヒーリング系の音楽を流すことで穏やかでリラックスし、本音で話しやすい環境を作ることもできます。

さらには、**感動的な音楽にのせて講師が重要なメッセージを乗せて話す**ことで、メッセージを受講者の心に響かせやすくすることもできるでしょう。ただし、歌詞が入っている曲は受講者の注意が分散してしまうので注意が必要ですし、受講者によってはそのような環境をかえって疎ましく感じる人がいることを知っておきましょう。

もし音楽とメッセージを効果的に受け入れる環境を作りたいのであれば、休憩時間などにも音楽を積極的に活用することで、**音楽を使うことに対する抵抗感を少なくし**

ておくことをお勧めします。

秘訣68 ビデオ教材を見た後には、そのあとにグループ討議を組み合わせると効果的である。

いかがですか？　ちょっと考えただけでも、いろいろとできることがありますよね。人は「実感」することで行動のモチベーションを高めることができるわけですから、基本は「参加型」を目指し、さらにこのセッションの内容を組み合わせて活用していただければ、今まで以上に受講者の役に立てる講師になれると思います。

変化の激しい時代を生き抜いていくために、企業理念や行動指針などに「自ら考えて行動する」ことや「創造的な人材である」ことを織り込んでいる企業も多くあります。さぁ、自分に問いかけてみましょう。

「自分のセミナーは、思考停止の受講者を育てていないだろうか？」と。

このセッションでご紹介した話は、**受講者自らの「考える力」をトレーニングするためにも重要なアプローチ**と言えるでしょう。

4 「テーマとつなげて話す力」を磨こう

研修やセミナーの担当時間にもよりますが、ひとつの大きなテーマ（目的）を達成しようとすると複数のセッションの組み合わせになっていきます。

これらの**セッションのつながり感をしっかりと持たせることが、本物の講師となんちゃって講師を分ける**と言っても良いでしょう。

「はじめに」で紹介しましたが、なんちゃって講師は、各項目がバラバラになってしまいます。これが「**④あいまい・ブツ切り講師**」ですね。

秘訣
70

複数のセッションのつながり感をしっかりと持たせて講義をしよう。

では、具体的にはどうしたら良いのでしょうか?

お勧めは、事前に**ミクロの目**【セッション3―1の言葉を使えば、「虫の目」】**だけで研修プログラムを計画するのではなく、全体をふまえたマクロの目**【これは「鳥の目」ですね】**でカリキュラムを見ることです。その上で、全体的な流れ**（カリキュラムとしての流れのスムーズさはもちろんですが、お客様の企業内の教育体系をふまえた上での本研修の位置づけを意識できればベストですね）**を確認すること**【いわば「魚の目」】が大切なのです。

事前にこの作業をしておくと、講義中にこの流れをふまえて話せるようになります。

秘訣
71

「ミクロの目」と「マクロの目」、そして「全体の流れ」を意識してカリキュラムを見ることで、つながり感のある講義をすることができる。

人はよほどの天才でない限り、自分が準備した以上のことは話せません。

そこで、**カリキュラム作成時に、研修で実施すべき内容を「つながり図」として作っ**

てみましょう。次の手順が参考になると思います。

なお、研修プログラムを自分で作成しない人（研修エージェントがカリキュラムを作成し、エージェントから与えられたテキストで講義をする立場）もいることでしょう。そのような人こそ、ぜひそのカリキュラムのつながり感を意識してほしいのです。

①中央にお客様と研修名を記載する

もちろん、明確なメインテーマがある場合は、それを書いても構いません

②研修の目的達成のために、カリキュラムとして実施すべき（受講者が学びを得るべき）項目を書き出す

基本的には内側のほうがより根本的な内容、外側のほうが枝葉の内容にしたほうがわかりやすいと思いますが、項目をつなぎ始めると、結果的にスペースの空いたところに記載することも出てくると思います。それでもＯＫです。

（逆にあまり制限やルールを決めずに書き出していったほうが、自由に発想ができるので、おすすめです）

③各項目のつながりを見て、線や矢印で結んでいく

この作業をすることで、プログラムの各項目がつながり感を持って理解できるようになります。

④作成中に思いついたキーメッセージなども書いておく

思い浮かんできたキーメッセージは、研修中に何度も伝えましょう。このようなメッセージは、パワーポイントのスライドで見せることも効果的です。

秘訣72 実際に「つながり図」を作ってみよう。作成しているうちに、キーメッセージなども浮かび上がってくる。

マインドマップを学んだことがある人も多いかもしれませんが、私はこの作業にはお勧めしません。

なぜならマインドマップでは、各項目の階層関係（枝分かれ関係）はわかっても、項目ごとのつながり感が失われやすいからです。

ですので、私は**次ページの写真**のような図をお勧めします。

秘訣73
「つながり図」をしっかり作ることで、研修が深くなり、一貫性が出る。

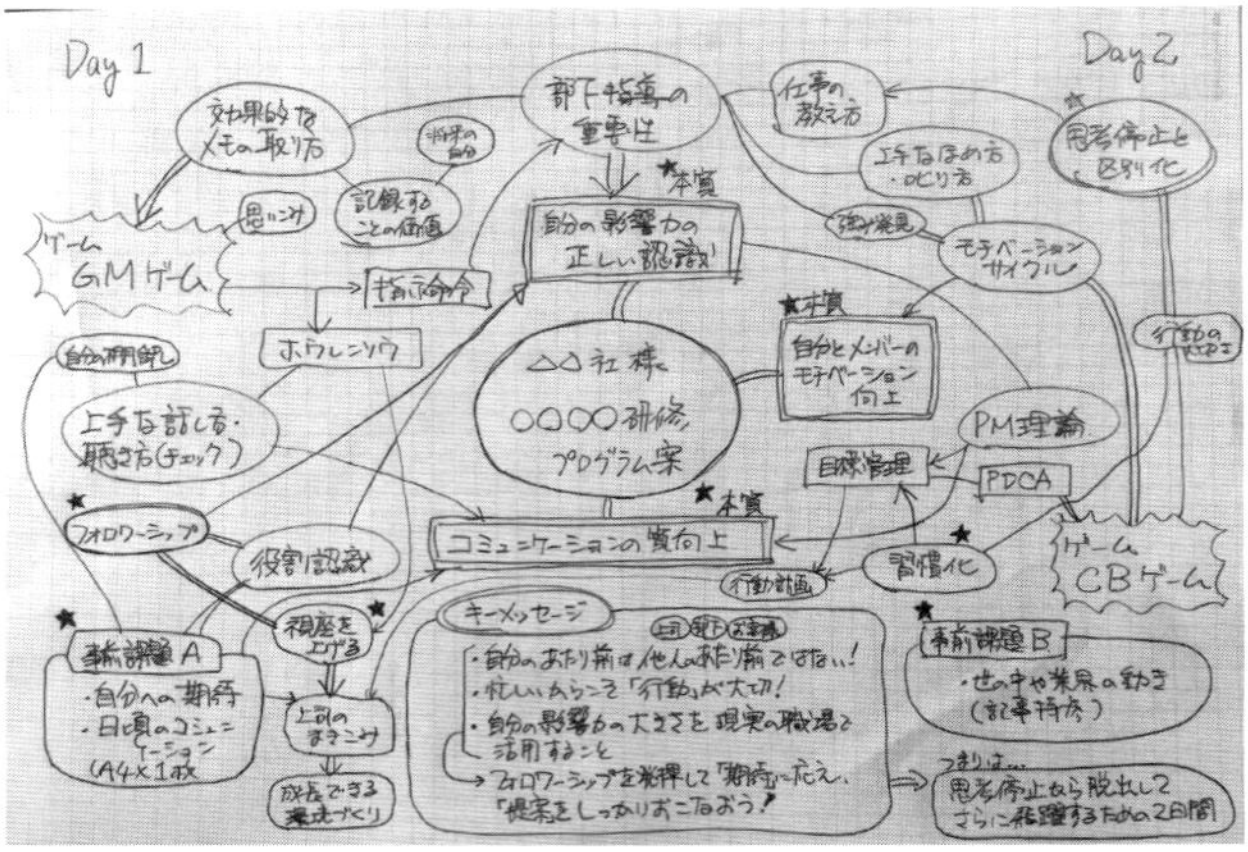

これはあるお客様向けに私が現実に実施した研修を図にまとめたものです。

詳細の内容はともかくとして、**「各項目のつながり感」**や、**「作成しているうちに浮かび上がってきた研修中のキーメッセージ」**や**「研修の落としどころ・ゴール」**などが明確になることでしょう。

どんな内容を扱っているときも、**研修の落としどころで大元のテーマにつなげて伝えることで、研修がグッと深くなり、一貫性が出てきます。**このテーマの一貫性がわかっていないと、あいまいなファシリテーションになってしまうのです。

さあ、これをきっかけに、巻頭の「④**あいまい・ブツ切り講師**」から卒業しましょう！

5 意図や目的を持った資料作成をしよう

私は今まで、さまざまな講師のさまざまな研修を見てきました。

その中でとても面白いと思ったのは、**資料（テキスト）の作り方が人それぞれバラバラ**だということです。面白いほどバラバラでした。

パワーポイントのスライドをプリントアウトする人（それもスライド1枚ずつの講師もいれば2～6スライドで1枚のシートにしている人もいます）や、エクセルやワードでレジメ風にしている人など、実にさまざまです。

逆に言えば、「絶対にこうでなければならない」というスタイルはないのではないかと思います。とは言え、効果的な資料作成のポイントはありますよね。

カリキュラムはもちろんですが、**配付資料はすべて「目的」から設計します。何をどのようにわかってほしいのか、そしてどんな成果を期待したいのかによって変わる**ということです。そのあたりを押さえていれば、スタイルは問われないと思います。もちろん、エージェントや顧客企業によって指定のフォーマットがある場合はそれに従わなくてはなりません。

各スタイルのメリットやデメリットをしっかり理解して、自分はどのスタイルが向いているかを考えるようにしましょう。では、詳しく考えていきましょう。

秘訣74

テキストや配付資料は、すべて目的から設計する。どのようなスタイルで作成するかは、メリットとデメリットから使い分けよう。

①「教科書スタイル」と「レジメスタイル」

テキストを教科書のように完璧に作り込むスタイルが好きな人もいます。専門的な内容を学ぶ際に求められることが多いスタイルですね。

「教科書スタイル」のメリットは以下のものです。

・専門的な内容やその背景などについて、体系的に学ぶことができる。
・研修後も内容をしっかりと参照することができる。

逆に、**デメリット**は以下の通りです。

・情報量が多いので、講義が座学中心の一方的な形式になりやすい。
・受講者の視線のコントロール（講義中のページをしっかり見てもらう）がしにくい。勝手に別のページを読んで講義をしっかり聞いていない人が増えがちになる。
・テキストの情報量が多いため、作成に膨大な労力がかかる。

続いて**「レジメ（レジュメ）スタイル」のメリット**です。

・受講者が記入しながら進められるため、受講者が参加するスタイルで進めやすい。
・シンプルな構成を決めるだけで、テキストの作成が比較的楽にできる。
・ワークやディスカッションに対応しやすい。

もちろん、**デメリット**もあります。

・レジメに記入するのは受講者であるため、受講者の気づき力やメモ力のレベルによって内容の残し方に差が出てしまう。

・受講者や主催者に「テキストとしての重み（権威）がない」と感じられてしまう。

・研修に参加できなかった人には、まったく研修内容が伝わらない（お客様によっては、欠席者にテキストを配るところもあるため）。

以上の特徴をふまえ、私個人はレジメスタイルを基本として、しっかりと解説したい部分を補足的に教科書スタイルで作成しています。

秘訣75

「教科書スタイル」は体系的学習に向いており、「レジメスタイル」は研修を体験型にして進行するのに向いている。

②「冊子スタイル」と「都度配付スタイル」

テキストを冊子にして受講者に一気に配付するか、その都度配付するかについては、次のような特徴があります。

「冊子スタイル」のメリット

・テキストの全体が見え、受講者が安心できる。
・講師や事務局の対応が楽である（当日の配付作業や事前の印刷など）。

デメリット

・テキストに情報がすべて記載してあるので、先読みをされてしまう。時には、討議や演習の答え（や落としどころの内容）が入っていることがある。

続いて**「都度配付スタイル」のメリット**です。

・その都度必要なページを配付するので、資料を先読みされずに進めることができる（受講者の視線のコントロールができる）。
・受講者の状況や進行具合によって、臨機応変に配布の順番を変えることができる。時には、一部資料の配付を取りやめることもできる。
・その都度講師が受講者の中に入って配付することによって、受講者の状況（机の様子、メモの取り具合など）をチェックすることができる。また、新入社員の教育などでは、受講者に取りに来てもらう形式にすることで、役割意識を醸成することができる。

デメリット

・講師（または事務局）の準備や配付における労力がかかる。特に慣れていない講師の場合は、資料配布の段取りがぐちゃぐちゃになってしまう。

・研修当日、会場に入ってからの講師の負担が大きい。よって、経験の多い講師でなければ、なかなかスムーズに進行できない。

・手元の資料の数が増えてくると、受講者が混乱しやすい。

一般的には資料の配付の手間を考えて「冊子スタイル」にする講師が多いと思います（ワークの資料のみを都度配布スタイルにする）。私個人は、臨機応変に進めることが多いので、人数がよほど多い場合をのぞいて「都度配布スタイル」で進行することがほとんどです。このスタイルで慣れているので、資料をその都度配付することを負担に感じないのです。

秘訣76

「冊子スタイル」は効率が良く進行ができ、「都度配付スタイル」は臨機応変に受講者の様子を見ながら進行することができる。

③固定化とモジュール化

これは一つの研修の内容を一つのパッケージとしてとらえて作成しているか（固定化）、その中の各要素を分解してパーツごとに資料を作っているか（モジュール化）の違いです。

まずは**「固定化」のメリット**です。

・一度作成してしまえば、微修正をするだけでよいため、準備が楽になる。
・パッケージとして作成しているので、トータルな教材として扱いやすい。

デメリット

・教材のボリュームが多くなるため、研修によっては必要のない部分まで受講者に配布することになる。
・パッケージとして完成させてしまうと、顧客による微調整がしづらくなる。

次に、**「モジュール化」のメリット**です。

・顧客の要望に合わせて、柔軟に組合せを変えることができる。

・さまざまなモジュールを準備しておくことで、自分の担当できるテーマを広げていきやすくなる。

デメリット

・顧客によって資料の組合せを変えるため、事前準備に多大な労力がかかる。
・各資料のフォーマットや作成の仕方を統一しておかないと、受講者にばらばらなテキストである印象を与えてしまう。

私個人は、お客様の要望や目的に合わせて柔軟に内容を決めていくスタイルのため、すべて資料はモジュール化してその組み合わせで研修を行っています。

秘訣77 「テキストの固定化」は効率が良く準備ができ、「モジュール化」は顧客の要望に合わせて柔軟に対応することができる。

いかがですか？　これらのメリットとデメリットは、あくまで代表的な特徴です。これらの特徴をふまえて準備と進行を工夫していくことが重要だと思います。

コラム③
"感情"と"ロジカル"。このバランスで講師の評価は一変する

「潮田さんの講義は、とてもロジカルなのに、心に響くんですよね」

受講者、人事部門、エージェントの皆さんにそうよく言っていただけます。

研修においては、「感情」に訴えかける部分と「ロジカル」に進行する部分の両方が大切です。しかし、これが簡単なようで、意外と困難なのです。

私が感情とロジカルの両方を意識するようになったのは、きっかけがあったからです。それはある社内研修の受講者アンケートでした。

当時20代だった私は、典型的な「感覚型講師」でした。気分で講義をおこない、その日のノリで出来が左右されていました。

前述のアンケートで、講師に関する感想に「感覚的で、雰囲気でしゃべっているように思え、失望した」と書いてあったのです。それがすごく悔しかったのです。

私がいた企業はエンジニアリング会社でしたので、ロジカルな人が多かったのですね。当時の私

は、確かにそのとおりでした。その場の雰囲気で話をしていましたし、話す内容も他の人の受け売りで、今思えば薄っぺらいものでした。でも、それまでの受講者アンケートは好評だったので、**気づかなかった**のです。

「今の自分で充分だ」・・・そんなふうに思っていたのですね。

さて、アンケートを見た私は、一念発起しました。

「ロジカルに裏付けをしっかり取った内容を話すようにしよう。そうしないと、納得のできない人が出てしまう」と思ったのです。

そこで自力でロジカルシンキングを学びました。10冊ぐらい一気に本を購入し、読み漁りました。結果として、自分のオリジナルのロジカルシンキング研修を立ち上げることができ、それに伴って研修での説明も次第にロジカルになっていったのです。

私が大切にしているのは**「なぜなら・・・」「だから・・・」「そこで・・・」と内容のつながり感を意識しながら説明すること**です。これによって、より納得して内容を受け止めてもらえるのです。

ただし、**ロジカルに「思考」が納得できただけでは人は動かない**ということです。**ロジカルに理解できて、そこに背中を押してくれるのが「感情」**なのです。

ですから、巻頭の「⑤フィーリング講師」から卒業していきましょう。感情は大切ですし、受講者のモチベーションを高める重要な要素です。でも、**感情に振り回されてはいけません**。ロジカルな面も身につけることで、受講者の納得感が飛躍的に向上するのです。

秘訣78

講師は自分の説明を十分だと思ってはいけない。自分では気付かなかった改善点を受講者が教えてくれる。

秘訣79

「なぜなら」「だから」「そこで」などの言葉を使って説明をすることで、ロジカルに伝えやすくなる。

秘訣80

ロジカルに納得できただけでは人は動かない。同時に感情に訴えかけて、受講者の背中を教えてあげよう。

第 4 章

本物の講師力②
事前準備と状況対応力

～研修を成功に導く
「ビフォア」と「イン」の法則～

1 ネタの用意のしかた

言うまでもなく、講師をしているうえで重要になるのは、**話をするうえでのネタを探すこと**です。

これまでのセッションでもふれてきましたが、漠然とテキストの文字を追うだけでは、受講者は退屈しますよね。講義をする以上、単に資料を読むだけではない、「付加価値」が必要になります。

受講者が「忙しい中でも来た価値があった」と思えるようにしなければなりません。

では、どんなネタが効果的なのでしょうか。ここでは、３つの切り口からご紹介していきましょう。

①自分の例を探す

過去のさまざまな経験があなたのリソースになることは第2章でお伝えしました。

これらを講義の際の事例やお客様との会話のネタにも使うことが出来ますね。

しかし、しっかりと事例の棚卸しをしておかなければ、効果的に使えません。

話し始めたのはいいけれど、グダグダになってしまって、何を話しているか（伝えたいのか）まったくわからなくなってしまったり、本来の話の趣旨とは全く違うところに着地してしまったり・・・。

では、どうしたら良いのでしょうか？　重要なのは、**ものごとの「本質」をつかむこと**です。どこかで聞いた話ですね。そう、これも第2章でご紹介したことです。

「その話の本質＝キモは何か」をしっかりつかむことが大切なのです。

・要は、どんな体験なのか？　**【要約】**
・そこから自分が学んだことは何か？　**【学び（価値）】**
・それを他の人にとっても価値のある話にするには？　**【一般化】**

といった質問が役に立ちます。そして、自分の身の回りで起きる出来事で使えることもあるでしょう。

友人との会話、家族との出来事なども効果的な事例になりますよね。なぜなら、ほとんどの人が友人や家族の話に共感できることを持っているからです。

秘訣81

事例は何となく話してしまうと狙い通りに話せなくなる。「本質」をしっかりとつかんで、効果的に話せるように準備しよう。

②世の中の例を探す

もちろん、世の中の出来事やニュースを事例にすることもできます。

そのために重要となるのが**「日頃の問題意識」**です。問題意識がなければ、せっかくのネタが目の前にあったとしても、スルーしてしまいます。

・○○を効果的に説明できるネタはないかな？
・世の中で△△のトラブルになっている（困っている）ような事例はないかな？
・□□について、うまく解決できた事例はないかな？
・このニュースから私たちが学べることは何だろう？

といった問題意識を日頃から持っているようにしましょう。

特に最後の質問は、さまざまなニュースを自分のものにするために大いに役立つと思います。

たとえば、事例をインターネットで探すこともできますよね。ただし、第3章や前著『"思考停止人生"から卒業するための個人授業』でも述べましたが、記事（新聞、雑誌、ネットなど）の鵜呑みは絶対にしてはいけません。

裏付けや根拠が不明確なネタを使っていると、講師としての信頼をなくしてしまいますよ。

秘訣82

日頃の問題意識がなければ、ネタは探せない。また、ニュースから学びを得る気持ちもネタ探しに役立つ。

③会社や職場の例を探す

お客様の企業において、話題になっていることや問題意識となっていることなどを情報収集することで、リアリティのある研修にすることもできます。

・事前に主催者の話をきいておく（事前打合せ、当日の会話など）

・研修中に受講者に現実の事例を討議してもらい、発表してもらう
・受講者に事前課題で日頃の問題意識を記入してもらい、事前に集めて目を通す（情報が社外に出ることを嫌うお客様もいらっしゃるので、そのような場合は当日、目を通すようにする）
・休憩時間に受講者の話に耳を傾ける
・新聞やネットなどに発表されている情報を収集する（新製品情報、経営動向などのニュースのほかに、企業理念や行動指針などは必ず目を通しておく）

などなど、いろいろとできることがあるのです。リアリティのある話をする講師のほうが、受講者が好感を持って接してくれます。ただし、内部の話ですので、お客様が話したがらないようなこと（いわゆる業界のタブーや地雷です・・・）までは踏み込まないほうが無難です。

秘訣83

お客様の企業内における取組や問題意識を知っておこう。そのほうが、リアリティのある研修になる。

2 状況対応力を磨くとこんなに良いことがある！

セッション2―5「人間力」で、**「目の前のすべての状況を活用する」**ことの重要性についてお話ししました。そのためには、**現実を柔軟に受け止める姿勢**が大切ですし、同時に**現実をしっかりと見つめる力**が必要です。

目の前の受講者をキチンと見ること。簡単に思えるかもしれませんが、意外とできていない講師が多いです。

私は、研修中のほとんどの時間を受講者の中に入って話をするようにしています。そして、**講師用の教卓にずっといるだけでは決してわからない「3つの生の事実」を入手している**のです。

秘訣84

教卓にいるだけではわからない生の情報を得るために、受講者の中に入って講義をしてみよう。

具体的には、以下の3つです。

①「私たちが提供した情報がどの程度メモとして取られているか」や「ワークシートなどにどのような意見を書いているのか」の現実**【視覚的に感じる現実】**

②「受講者たちがどのようなことを話しているか（討議だけでなく、ひそひそ話なども）」の現実**【聴覚的に感じる現実】**

③「受講者たちがどのような気持ちや温度感（前向きな雰囲気）で研修を受講しているか」の現実**【身体感覚的に感じる現実】**

私たちは「五感」を使ってコミュニケーションを取ったり情報収集をしたりしていますが、**「視覚」「聴覚」**、そして残りの3つをひとまとめにして**「身体感覚」**とすることで3つに整理でき、使いやすくなります。

これらをとおして、私たちが提供した情報がどのように理解されているかや受け取られているかがハッキリとわかるのです。

秘訣85 生の情報は、「視覚」「聴覚」「身体感覚」を意識して収集しよう。

では、この「五感」について少し具体的に考えていきましょう。

①視覚的に感じる現実

講師用の机や教卓から離れ、受講者の中に入って視覚的に観察することで、受講者のリアルな状況をつかむことができます。これは本当に役に立ちます。

私たちが話した内容がどの程度メモが取れているのか、しっかり現実を見ましょう（これは第3章でもふれましたね）。

受講者は、意外なくらいにメモを取れていません。キーワードレベルで記録をしてしまうと、あとで内容の再現性が低く、使えないメモになってしまいます。

しっかりと**文章レベルで記録をしてもらうには、講師が意識してゆっくりと繰り返しながら伝えなければならない**のです。

また、**ワークシート（やレジメ）などに考えを整理してもらう場合は、どの程度の**

ボリュームを書けているのか、どんな内容（レベル）を書いているのかをチェックすることも重要です。これらが講師の適切なフォードバック（この人はわかってくれているな、と受講者が感じる講師のコメント）につながるのです。

ただし、手元をジロジロ見てしまうと受講者も書きづらいのでさりげなく、かつ、しっかりと見ることが重要です（訓練すれば、上手になりますよ）。

秘訣86 受講者の手元を見て、何をどの程度、どのレベルで書けているかの現実をつかもう。

②聴覚的に感じる現実

受講者の現状を「耳で聴きとる」ことも重要です。なぜなら、**受講者のさりげない会話には、本音が多分に入っているから**です。

討議で話されていることが本質的なのか、表面的なのかをチェックしましょう。

たとえば、「コミュニケーションがうまくいっていなくて・・・」「リーダーシップが重要ですよね～」といった**抽象的な内容で終始**しているのかは、聴いているとよくわかります。

そして議論が抽象的だなと感じたら、全体に対して「**抽象的な話が出てきたら、それはどういうことなのか、ではどうしたら良いのか、などと一歩踏み込んで話し合ってみましょう**」と伝えます。このようなフィードバックをタイムリーにおこなうことで、討議の質が上がるのです。

そして、**講義中に受講者間で私語をしている状況**にもたくさんのヒントがあります。講義がつまらないのか、スクリーンの文字が見えないのか、一度では内容が理解できなかったのか・・・いずれにしても、**これらの反応は、受講者からの講師に対するフィードバックになる**からです。

さらには、**休憩時間の受講者間の雑談**にもヒントがあります。職場で現実に起きていることや日頃関心のあることなどを教えてくれるからです。

秘訣87 討議中の会話に耳を傾け、討議の質を確認しよう。そして受講者間の私語にもたくさんのヒントが隠されている。

③身体感覚的に感じる現実

受講者から感じ取れる「雰囲気」や「温度感」はどうでしょうか。

・積極的で前向きな雰囲気ですか？　それとも「やらされ感」にあふれていますか？
・明るく活発ですか？　よどんでまったりしていますか？
・もっと学びたい雰囲気ですか？　休憩が欲しいような雰囲気ですか？
・納得感にあふれていますか？　しかたなく付き合っている感じですか？
・内容を確実に理解できている雰囲気ですか？　わかったふりをしているのですか？

などなど、**雰囲気によって進行の仕方を変える必要がありますよね**。**休憩**を取ったり、**ストレッチ**をしたり、簡単な**ワークやクイズ**を出して雰囲気を変えたり、**空調**を少し低めにして眠りづらい気温にしたり、できることはたくさんあります。

受講者が出している雰囲気は、受講者からの大切なメッセージなのです。

秘訣88

受講者の雰囲気をしっかりと感じ取って、臨機応変な進行に活かしていこう。

いかがですか？　かなり実践的な話を書きましたが、これらは私が日々実行していることです。受講者の状況を五感で受け取って対応することができれば、巻頭の「⑩頭でっかち講師」からも卒業できます。なぜなら、自分が伝えていることが本当に伝わっているかを理解できるからです。

一方的に難しいことを話す講師にサヨナラし、受講者に寄り添う講師として生まれかわっていきましょう！

さて、もう一つ大切なことがあります。**その場で起きていることを「学びの教材」として活用**しましょう。

・受講者の質問や発表内容
・想定外のアクシデントやトラブル
・偶発的に起きた面白い状況

などです。

講師として駆け出しのころは、想定外の出来事を怖がりがちです。

でも、残念なことに**想定外のことは必ず起こる**のです。ですから、**「何があっても大丈夫。事例で活用してやるぞ！」**という意識でいましょう。

秘訣89 想定外の出来事は必ず起こる。逆にチャンスだと思って、その場で活かそう。

そのために、私たちが日々の生活で使える質問があります。

「ここから私（私たち）が学べることは何か？」という質問です。この意識を常に持って日々を過ごしてみてください。この質問は先ほどネタ探しのところでも紹介しましたよね。

想定外の出来事も、すべて自分の価値のあるリソースとして受け止められるようになりますよ。

秘訣90 「ここから私（私たち）が学べることは何か？」という質問を日々意識して過ごすことで、想定外のことも自分のリソースにできる。

3

原稿（台本）を作りこむほど失敗が増える罠

講師を初めて担当する際に陥りがちなことは、**完璧な原稿（台本）**を作ろうとすることです。

確かに、準備した内容を本番できちんと再現できないと不安ですよね。

「間違ったことを伝えてしまったらどうしよう」「説明の段取りを飛ばしてしまい、ぐちゃぐちゃになってしまうのが怖い」このような心理から、原稿を書く人も多いようです。

でも、**原稿を作ってしまうと、そこからはみ出すことができなくなります。**

「何を言っているんだ！　はみ出さないために原稿を作るんじゃないか！」という考えの人もいるかもしれませんね。でも、よく考えてみてください。

何度もお伝えしていますが、**研修は生き物**なのです。前のセッションでもご紹介しましたが、想定外のことは必ず起こるのです。

事前の想定と「受講者の期待が違っている」かもしれません。想定した以上に「時間が押してしまう」かもしれません。プロジェクターが急に使えなくなるかもしれません。

それにもかかわらず、**原稿を一語一句話すことを目的にしてしまうと、シラーっとした空気の中、大量の冷や汗と戦う羽目になります（まさに大汗・・・）つまり、臨機応変に対応できなくなるのです。**

秘訣 91

完璧な講義原稿を作ってしまうと、臨機応変に対応できなくなる。

そしてもう一つ重要な理由があります。それは、**「原稿が主役」になってしまうこと**です。

一語一句をしっかりと書き記した原稿は、文字でいっぱいです。どこを読んだらよいか、講師はそちらに意識が向かうようになります。そう、受講者が主役ではなくなってしまうのです。

良い原稿を書けば書くほど、原稿は自己主張をはじめ、主役の座を受講者から奪っ

てしまいます。研修は朗読会や研究発表会ではないのです。

秘訣 92

良い原稿を書けば書くほど、原稿が主役になってしまい、受講者が学べる環境でなくなってしまう。

「原稿で話の段取りは確認したい。でも原稿を主役にしたくない・・・」では、どうしたら良いのでしょうか？　お勧めの方法は2つあります。

ひとつは、**「リハーサルまでは原稿を使っておこない、本番では原稿をしまってしまう」**という方法です。

しっかりと段取りを決めてリハーサルをしておけば、原稿の内容は頭に入ります。本番は100％原稿通りとはいかなくても、言うべきことはしっかりと伝えることができるでしょう。

秘訣 93

原稿を使うのはリハーサルのみとして、本番では原稿を手放してみよう。

もうひとつは、**「ラフな段取りしか作らない」**方法です。これは、**「レッスンプラン」**と呼ばれているものです。

一語一句原稿を作成してしまうと、そちらに頼ってしまいます。ですので、概要だけをストーリーにして書いておくのです。

しかし、**気になる段取り**の部分（順番などを間違えると効果が出なくなる事例やワークなど）は、しっかりと**箇条書きで流れを記しておきます**。このような方法で、間違わずに研修を進行することができるのです。

秘訣94
段取りを箇条書きで整理する程度の「レッスンプラン」も効果的。

とは言え、いずれの場合も臨機応変な対応は必要不可欠です。どうしたら良いかは、一つ前のセッションを参照してくださいね。

4 講師は「色」がないほうが効果的

さて、この本もかなり後半に差し掛かってきました。

そこで、改めて聞きますが、**講師の「役割」とは、何でしょうか？**

ショーを見せることですか？

成果の自慢をすることですか？

最新のプレゼン技術を見せつけることですか？

次のセミナーや商材を売りさばくことですか？

違いますよね。**受講者の現実の生活で活用できる情報を提供し、実際に行動できる後押しをすることですよね。その役割に徹していますか？**

何度も書いていますが、講師は主役ではありません。主役の受講者が価値を持ち帰ることができれば、黒子でいいのです。

秘訣95 受講者の「現実に活用できる情報提供」と「行動の後押し」。改めて「講師の役割」に立ち返ってみよう。

そして、**必ずしも好かれる必要もありません。受講者の現実の行動に結びつくのであれば、嫌われても構わないわけです。**巻頭の「**③揉み手講師**」である必要はないのです。

ただし、人間の感情として、**嫌な思い出として研修やセミナーを記憶してしまうと、そこで学んだ価値も思い出そうとしなくなりますよね。**ですから、嫌われるよりは好かれたほうが良いのですが、**好かれること自体が目的ではない**ということです。

ですから、いわゆる「地獄の特訓」「トラの穴」などのモーレツ研修は、その場で一時的に効果が上がっても、ネガティブな記憶がよみがえってしまうので、長期的な成果にはつながりづらいです。

苦しい努力や根性論で研修を記憶づけてしまうと、今後「学ぶこと自体がネガティブなものになってしまう」のです。


これはとても重要なことです。講師が好かれようと嫌われようと、**研修の体験自体はポジティブな記憶として残さなければならない**のです。

「地獄の特訓」のスタンスがフィットする人がいることも否定はしませんが、多くの人にとっては、その後の**「一生の学び」にとって逆効果になる**可能性が高いです。

秘訣96 受講者の研修の記憶をポジティブなものとして残すことが重要。そうしないと、学ぶこと自体がネガティブなことになってしまう。

さて、この本でずっとご紹介していますが、講師はあくまで学びを手助けする役目です。

講師の役割とは・・・情報のプレゼント役に徹すること。自分の主役オーラを消し、受講者を主役にすることです。巻頭の「**⑧キャラだけ講師**」である必要は決してないのです。

もちろん受講者が本当に学びを得られるのでしたら、ある程度のキャラが役立つこともあるでしょう。でも、ここまで読んでいただいている方はもうお分かりですね。**講師はできれば無色透明なほうが効果的**だということを。

「色」がつきすぎている講師ほど、再現性に???を感じるのです。「それはあなただからでしょう?」と言いたくなってしまいます。結果として、**受講者の積極的な行動を阻害**してしまいます。

ですから、もしあなたが「自分がさしたる特徴もないからダメだ・・・」と悩んでいるのであれば、それが**逆に強みになる**のです。

受講者を主役にして学びを引き出すことに徹することで、必ず認められていきます。

あなたに必要なものは「色」ではなく、「ファシリテーション（場づくり）能力」で す。たとえ短期的には派手な色付き講師がもてはやされたとしても、あなたは**長期的に売れる講師**になっていくことでしょう。

秘訣 97

ファシリテーション能力を磨こう。受講者の学びを引き出すことに徹することで、あなたは長期的に売れる講師になる。

5 「腕組み講師」は選ぶな

第1章のコラムで、「プレゼンはプレゼントすることである」ことを書きましたね。

この**プレゼントの精神は、講師の「プロフィール写真」にもあらわれます。**

もし私が企業の人材開発部門の担当者だったとしたら、**「腕組み」をしているプロフィール写真の講師は、極力選ばない**ようにします。女性講師の場合は、腕組みまでは行かなくても、片手でもう一つの腕のひじのあたりをつかんだりするポーズなどです。

腕組みとは、どんな心理状態を示すのか・・・心理学的には、大きく分けて2つの状態であると言われています。

ひとつは、**「拒絶」「自己防衛」「批判」**です。

皆さんも、ちょっと自分のことに意識が向いている（自分のことを考えている）ときは、自然と腕組みをしませんか？　そう、**腕組みは、外部からの刺激をブロックして、自分の内部に意識を向けているサイン**なのです。

ですから、商談でお客様が腕組みを始めたら、お客様の意識の8割ぐらいは自分のほうに向いていますので、大切な話をその時にしても聴いていない可能性が高いわけです。

また、外部からの攻撃的・ネガティブなエネルギーをまともに受けたくないと感じるとき（自己防衛）にも腕組みをすることがあります。目の前で愚痴ばかり話している同僚の話を聞く（聞かされている）ときに、自然と腕組みをしませんか？

そして、相手が話をしている内容が受け入れられない（否定・批判）ときも、腕組みをします。これは、利害関係が異なる他部門や他社との交渉の場面などでよく見かけると思います。

秘訣98 腕組みは「拒絶」「自己防衛」「批判」の現れであり、外部からの刺激をブロックしている状態に見せることを知っておこう。

もうひとつの腕組みの状態は「マウンティング」です。これは、**自分が相手よりも上であることを示すためにおこないます。**

腕組みをしている人は、自信満々な偉そうな人に見える・・・そんなことはありませんか？　特に高い位置で腕組みをしている人は、自分が優れていることを強くアピールする心理が働いていると言われていますね。

秘訣99 腕組みの心理のもう一つは「マウンティング」。相手を見下す感覚になっている。

決して腕組みが悪いわけではありませんよ。ただ「**そういった心理状態にある**」ということです。また、「他の人のプロフィール写真でもそうだったから」「カメラマンから腕組みをするように言われたから」という人もいるかもしれませんね。しかし、それでは人任せであり、自分の頭でしっかり考えることのできない**思考停止状態**な人なのだと言えるでしょう。

さて、以上のことをふまえて、あらためて講師のプロフィール写真について考えてみましょう。

もちろん、絶対にそうだという訳ではありませんが、**プロフィール写真のような"大切な自己表現の写真"で腕組みを選ぶような人は、「他人を受け入れることより自分を優先する」「自分のほうが上だとマウンティングする」傾向の高い人**だと言えます。

とても相手に対して「プレゼント」をしている講師には思えませんよね。

これは、巻頭の「**⑥ボソボソ講師**」か「**②上から目線講師**」「**⑧キャラだけ講師**」「**⑨瞬間風速講師**」のいずれか（あるいはその組み合わせ）である可能性が高いと言えるかもしれません。

そして、**心理学をキチンと勉強していない（あるいは学んでいても実生活で活かせていない）人**だとも言えるでしょう。これでは、**"人間を相手にしている研修の講師"としての素養は低い**と判断されてしまうかもしれませんね。

大切なことは、**これらの動作を無意識に選んでいる**ということです。そこには、その人の**本音や本質が表れている**ことが多いのです。

だから私は、「腕組み写真」の講師は選ばないのです。少なくとも、プロフィールから伝わってくる講師の第一印象は、相当低いものになります。

さぁ、あなたのプロフィール写真をすぐに見直してみましょう。

秘訣100 腕組みをしている講師は、素養が低いと考えられてしまう。

コラム④　私が体験した数々のトラブル録

長年講師をしていると、いろいろな出来事に遭遇することがあります。
トラブルで会場に行けなくなる、会場に行ってみたら誰もいない、悲惨なくらい体調が悪いのに登壇しなければならない、パソコンが突然動かなくなった、プロジェクターが全く映らない・・・などなど、今となれば面白い話ではありますが、その時は全く笑えないエピソードがたくさんあります。

これらはぜひ、私の講師養成などの場で聴きだしてみてくださいね。
今回はその中で、最近の研修では必須となっているパソコンのトラブル（失敗談）をご紹介します。

私はパワーポイントなどのスライドを使って講義をしているのですが、必ず使い慣れた自分のパソコンで投影するようにしています。なぜなら、その場でお客様のものをお借りしたりすると、バージョンや操作方法が違っていたりして、ベストの講義ができないからです。

さて、私がある企業の研修で名古屋のビジネスホテルに泊まった時のことです。私は日々、喉のケアを大切にしているため、ホテルには加湿器の準備をお願いしています。
ところがそのホテルには、加湿器の準備が全くありませんでした。そこで、部屋の湿度を上げるために、仕方なくシャワーで熱湯を出し、湯気を少しだけ部屋に入れる目的で浴室のドアを2センチ程度空けておりました。少し加湿をしたら止めるつもりでいたのですが、毎日研修続きだった私は、思わずその状態でベッドに突っ伏して眠り込んでしまったのです。

しかし翌朝、ハッと目が覚めると、ホテルの部屋の天井には大量の結露がたまっていて、場所によってはポタポタと天井から水滴が落ちている状態でした。

「なんだ水漏れか!?」と慌てて部屋を駆け回ると、原因は一目瞭然でした・・・。

すぐにシャワーを止め、窓を開けて換気をしたのですが音楽を聴くために開いていたパソコンの上には大量の水が・・・。画面はフリーズ、再起動しても、タオルで拭いてももちろんダメで、すっかりご愁傷さまの状態でした。

もうあと数時間で講義が始まるのに、パソコンも使えず、バックアップのファイルも手元にありません。自分の心がけの悪さを深く反省しました。とりあえず出張から帰れば、(最新のファイルは取っていないにしても)バックアップのデータはあります。でも、目の前の研修はどうしようもありません。

そこで、腹を決めました。急遽その日の研修をパソコンを使わない方式に切り替えて実施することにしたのです。頭の中の記憶と修羅場を切り抜けた経験を頼りに、まるで何事もなかったかのように、あたかも普段のスタイルがそうであるかのように、受講者の中に入り、平然と講義をおこないました。

思い返せば、その時は、いつもより受講者たちとの会話が弾み、私の歴代講義のベスト10に入ったほどの研修になりました。

これこそが、**「状況対応力」**なのです。

ですが・・・それ以来、私はバックアップのメモリーを出張に持っていくことにしました（汗）。

でも、もし今後皆さんが私の研修を受講されたときに、私がパソコンを使わずに講義をしていたら・・・「あーあ、またやらかしてしまったんだな」と笑ってくださいねー！

秘訣101

どんな状況に陥っても、平然と講義をおこなえる「状況対応力」を身につけておこう。

私も完ぺきな人間ではなく、実にたくさんの失敗をしてきています。

でもそこから学ぶことで、さらに成長することができるのだと信じています。

第3部

〝売れっ子講師〟飛躍編

第３部では、いよいよ“売れっ子講師”としてのデビューをしていきましょう！

第５章『講師としてのグラウンディング』〜さぁ、“売れっ子講師”のステージへ駆け上がろう〜では、皆さんがなりたい講師像を強く思い描き、その未来に向かって具体的な道筋を考えていきます。
どのように講師は選ばれ、どのように値段が決定しているのか？　事例として私の若いころの経験や、最近の事例もご紹介していきますので、机上論ではなくリアルに感じられるかと思います。

第 5 章

講師としてのグラウンディング

~さぁ、"売れっ子講師"のステージへ
駆け上がろう~

1 販路を考える ～エージェントの探し方、講師料～

この本は、講師としてこれから活動しようと思っている人や、すでに活動を始めているけれど現状ではなかなか販路が広がらない人も読んでくださっていると思います。

そこで、販路について考えてみましょう。

実は、私自身は（現時点では）いわゆる「営業機能」はまったく持っていません。なぜなら、その必要がないからです。

自分に合ったエージェントと、自分を気に入って売ってくれる営業担当者がいてくれれば、自分からお客様を一から探しに行かなくてもよいのです。

でも、誤解しないでくださいね。**エージェントへの営業活動は必要**です。

自分のこと（特徴、思い）を知ってもらう努力や、より良い商品（研修プログラム、取組テーマなど）ができたときには、それをしっかりと伝えなければなりません。

あなたは、どのように研修を受注しようと思っていますか？

あなたが顧客に直接営業活動することも、もちろん可能です。そして、エージェントに講師登録をして自分を売ってもらうこともできるでしょう。

自分で営業活動をしたほうが収入（研修単価）は大きくなります。

しかしこれはトレードオフの関係にもなります。営業活動に力を入れれば入れるほど、講師としての活動（準備、当日の登壇など）がおろそかになってしまいがちです。

ですから、そのあたりの実情をしっかり理解したうえで、**自分はどのように講師として実績を積んでいくのか**を考える必要があります。

秘訣 102

エージェントを通すか通さないか。それぞれの実情を理解したうえで選択しよう。

ただ、私の多くの経験から、エージェントに講師登録することを考えている人は、次のようなリアルな状況も知っておいてください。

大手のエージェントでは、**ある程度の研修実績がなければ、採用選考にすら引っかからない**ところもあります。特にベテランクラス（50代前後）で独立して（あるいは定年後に）講師を希望する人が多いので、エージェントによってはどんなに売れっ子

	自ら営業活動をおこなう	エージェントに営業してもらう
メリット	・顧客企業からの売上がそのまま収入になるため、比較的少ない顧客数でもそれなりの収入を得ることができる。 ・自らの言動で顧客企業に自分の魅力や強みをアピールすることができる。 ・エージェントの意向に左右されずに営業することができる。	・時間のかかる顧客開拓やニーズの引き出しといったプロセスを飛ばし、案件が存在する時点からプロジェクトに参加できる。したがって、講師としての知識やスキルを磨くことに専念できる。 ・一度ひな型となるプログラムを提示できれば、エージェントの営業がそれをベースに営業活動をしてくれる。 ・トラブル発生時にフォローしてもらえる。 ・面倒な資料印刷などを代行してもらえる。 ・個人ではとても入り込めない大企業での実績を積むことができ、講師ブランドを高めることが可能である。
デメリット	・顧客を探すことに多大な時間と労力がかかってしまう。 ・大企業にとって、個人事業主は取引しづらいため、入り込みづらい。 ・ニーズの引き出し→提案→受注→研修実施→フォローと、すべての段階を自分でマネジメントしなければならず、講師としての勉強に時間が使えない。 ・エージェントと比べると提案の質が単発的になりがちで、採用されづらい。	・エージェントの営業経費などを差し引かれるので、講師料が少なくなる。したがって、数をこなさなければならない。 ・エージェントは多くの講師を抱えており、その中から選ばれる存在にならなければならない。特徴と実力が求められ、それに応えられるようになるのに時間と労力がかかる。

講師のバックアップ（推薦）があっても契約講師として採用されないケースがよくあるのです。

ですから、まだ実績のない人は、いきなり大手のエージェントに登録してバリバリ仕事をしよう・・・とは考えないほうが無難かもしれません。

私からのお勧めは、ステップを踏んで、**まずは小規模なエージェントで実績を積み、ある程度実績がついてから大手を狙う**方法です。

実績を作ってからの方が、皆さんも自信を持って大手エージェントに対して自分を語ることができると思います。

秘訣103
いきなり大手のエージェントとの契約を目指すのではなく、まずは実績をしっかりと積むことを考えよう。

抱え込み型のエージェントでなければ、複数のところと契約しても構いません。ただ、エージェントとの面談の際に、その旨は伝えたほうが良いと思います。「○○エージェントさんと講師契約をしております」と。そのほうが、講師としての信頼にもつながると思います。

私が最初にいきなり複数の大手のエージェントと契約できたのは、若い（30代）にもかかわらず社内教育（およびグループ企業など）での研修実績が豊富にあったからです。

また、ある大手エージェントは、エージェント側から私の契約のお誘いがありました。この話は、契約後しばらくしてから教えてもらったのですが、ある企業の人材開発担当の方が「潮田さんという講師はとてもいいので、そちら（エージェント）でも契約したほうがいいですよ」と話をしてくださったことで実現したのです。

自分の知らないところで、私のことが話題に上がっていたのですね。**結局、仕事は**

「人のつながり」なのだということを実感しました。

ところで、「潮田さんの講師料はいくらぐらいなんですか？」と聞かれることも多いです。これは実は、答えづらい質問ですね・・・というのは、エージェントによって講師料はバラバラだからです。

研修のエンドユーザーである企業（や団体）からいただいた**講師料をどの程度講師に渡すかは、エージェントの考え方によってさまざまです。**それをしっかりと最初に知っておくとよいと思います。

エージェント自体に力があまりなく、単品の研修単価を安く設定することで仕事を取る（そのかわりに量はある）ところもあれば、お客様の教育体系全体や人事戦略全体を押さえたうえで、その一環で研修を受注するところもあります。当然、エージェントに入ってくる価格そのものが違うわけです。

大手のエージェントだからといって、必ずしも講師料が高いという訳ではありません。大手エージェントは、顧客企業に付加価値の高い研修提案をおこなうノウハウを持っているところが多く、そのようなところは、顧客企業から高い報酬をいただくことができています。結果として、講師単価を高めに設定できるところもあります。
しかし、大手（あるいは名前が知られている）でも、営業部隊を多く抱えているところでは、営業経費がかかるために講師単価を低めに設定しているところもあります。
実にさまざまなのです。

秘訣 104

エージェントとの講師単価は、まさにバラバラ。エージェントの実力や提案の付加価値によって大きく異なる。

2 講師のステージを一つ上がるためにどういう講師がエージェントから選ばれ続けるのか？

先ほどのセッションではエージェントについて考えてみましたが、ここではどのような講師がエージェントから選ばれる（選ばれ続ける）のかを考えてみましょう。

まずは、自分なりに考えてほしいのです。

この作業は、とても重要なことです。ぜひ一度エージェントになったつもりで自分の考えを整理してみてください。なぜなら、私たちはふだん、「自分目線（講師目線）」でしか物事をとらえないからです。

講師のお客様は4つあるという話を第1章でしましたが、まずはその入口（窓口）のエージェントをしっかりと理解する必要があります。

考えていただけましたか？ そのうえで、私が考える「選ばれる講師」の条件をご紹介しましょう。

「選ばれる講師」とは、一言で言えば **〝ビジネスにつながる講師〟** ではないかと思います。エージェントの立場で考えてみれば、やはり**仕事を受注できる講師**は魅力的です。案件が取れなければ、その先もないわけですから、まずは「目の前の案件」をしっかりと取ることも大切です。しかし、ここでいう「ビジネスにつながる」とは、単純に「目の前の案件」だけを指しているわけではありません。

受注した研修が高い評価を得られるように進行することで、**次年度のリピート**につながります。そして、講師が魅力的であれば、**ほかの階層やテーマ**についても実施してほしい・・・と依頼をいただけるようになります。

“ビジネス”につながる講師

目の前の案件を取れる講師

・コンペに勝ちぬいて受注できる → **実績・差別化ポイントが明確**

来期の案件を取れる講師

・来年度も同じ研修の注文が来る → **高い研修の評価**
・同じ講師で、さらに別テーマも来る → **幅広い専門性**

エージェントの価値を高める講師

・「○○社さんの講師、いいね！」とお客様に言われる → **高い人間力**

その結果、お客様からの**エージェントの評価も高まる**のです。「いい研修をコーディネートしてくれてありがとう！　素敵な講師が在籍しているのですね！」と。

結果として、**あなたにはエージェントからさらに仕事が舞い込む**ことになるのです。これがまさに、**売れっ子講師のサイクル**です。いつの間にか、あなたはエージェント内でもトップ講師になっていきます。

そのためにはまず、**目の前の研修を全力で最高のものにする**努力が必要ですね。でも幸いなことに、あなたはそのためのマインドとスキルを既にこの本の中で学ばれたことと思います。

秘訣105 エージェントから選ばれる講師は、「ビジネスにつながる講師」。今の研修からさらに先の仕事を見据えて活動しよう。

秘訣106 売れっ子講師のサイクルは、「研修の受注→次年度のリピート→他の研修→エージェントの評価向上→別の研修の相談」となる。

さて、ここまでは私の考えを書いてきたのですが、実際のエージェントの立場にいた人の話も聴いてみました。

元大手エージェントの営業として活動していた**株式会社Flucleの種田成昭さん**です。一意見としてとても参考になると思います。

種田さんとは、エージェント時代にたくさんの研修でご一緒しました。今でも友人としてお付き合いをしており、一緒に大阪地区で「インストラクション勉強会」（詳細は後述します）を開催しています。

実際にインタビューをおこないましたので、その一部をご紹介しましょう。

潮田（以下「潮」）「種田さんはエージェントとして講師をアサイン（この案件にはこ

の講師・・・というように割り振ること）されていましたが、どのような基準で講師を選んでいたのですか？」

種田（以下「種」）「基準は3つあります。**①講師のアウトプットのクオリティ、②案件の専門性と難易度、③講師の使いやすさ**です。この3つをポイントに講師を選定していました」

潮「なるほど、興味深いですね。この3つについてもっと詳しくお聞きしたいのですが、まずは①アウトプットのクオリティとは、具体的にはどのようなものですか？」

種「営業マンにとっては、**毎回85点以上を必ず取れる講師**はありがたいですよね。講師の中には、200点（大満足）を引き出す代わりに時にはマイナス100点も出してしまう人もいるんです。ムラのある講師は魅力的ですが、リスクがありますよね。まぁ、それを上手にコーディネートするのも営業マンの腕の見せ所なんですが・・・。ですから、安定して質の高いクオリティを出せる講師は嬉しいですよね」

潮「そうですね。わたしはまさに安定型ですね（笑）。では、②案件の専門性と難易度についてお教えていただけますか？」

種「例えば大手企業の選抜型リーダー養成研修と工場長研修とでは、求められるものが違います。前者はインテリジェンスや論理的な説明力、受講者のディスカッションへの巻き込み力などが求められるわけです。後者はコンテンツの面白さや講師の人の良さ。つまり**与件（お客様から与えられている研修の条件）の難易度から、それにふさわしいレベル感の講師を選定する**わけです」

潮「ありがとうございます。では最後の③講師の使いやすさはどうでしょうか？」

種「いくつかありますよ。例えば、**与件をちゃんと読んで動いてくれる人**や、**オペレーション**（エージェント内の研修の教材や備品類などを用意してくれる担当）との連携をしっかりやってくれる人、それから、エージェントとしてお客様に仕掛けていくときに**相談に乗ってくれる人・・・**。いろいろですね。私は、こうした要素をマトリクスにして講師を選定していました」

潮「なるほど。ちなみに、例えばリーダーシップなどの比較的一般的なテーマの研修の案件があった時に、どれくらいの講師を思い浮かべるものなのですか？」

種「一般的なテーマであれば**5〜6人ぐらいが自分のお気に入りの講師**だと思います。

自分の中でのお気に入りの講師は、片手ぐらいなんです」

潮「意外と少ない気もしますね」

種「はい。でも、自分が気に入ってお願いする講師って、それぐらいですよ。ひとつの案件で3人以上は相談しませんし。」

潮「逆に言えば、**一人の営業担当者のお気に入りの選択肢にしっかりと入ることが重要**だということですね。」

種「そうですね。エージェントの営業も人間ですから、**コンタクト回数が多い講師に**は自然と相談をしようと思いますよね。」

潮「ありがとうございます。では、これからエージェント経由で活躍したいと思っている講師の皆さんに、何かアドバイスはありますか?」

種「はい。**サービス業として〝いかに相手に対する付加価値を出せるか〟を大切に**すると いいと思います。そのためには、**自分のこだわりを捨てる**ことも大切だと思います。講師としての独自性って、意外と大きく出ないものなんですよ」

いかがでしたでしょうか。講師活動の参考になればと思います。

秘訣107

エージェントの営業担当としっかりと人間関係を築こう。まずはお気に入りの講師の一人に入ることで、相談が舞い込むようになる。

3 "井の中の蛙"　"勘違い講師"　にならないために ～自分を高める集団に入ろう～

先ほど第2章でも、謙虚さの重要性をお話ししましたが、**講師には「自己改善機能」が必要不可欠**です。

講師には誰も意見や文句を言ってくれません。特に独立してしまうと、「もっとこうしたほうがいいよ」などといったアドバイスは皆無です。

お客様やエージェントも、講師には直接は何も言いません。直接的には、「先生、素晴らしいです！」としか言ってくれないのです。そして、知らないうちに仕事を切られてしまう世界なのです。だからこそ、**自分で改善点を見つけて成長していく力**が不可欠なのです。

どれほどプレゼンテーションが上手になっても、まだまだ上の世界があります。私も日々反省の連続です。

「自分はこれでもう充分だ」と上達する努力をやめてしまったら、それで成長が止まるだけでなく、他の講師にドンドン追い抜かれていってしまいます。なぜなら他の講師は懸命に成長しようとしているからです。

さて、自分自身で改善点を多面的に見つけ出せるようになることは、なかなか簡単にできることではありません。そこで、講師仲間同士でお互いを切磋琢磨できる機会が必要なのです。

そのような思いから、私はまず大阪で、前述の種田さんと**「インストラクション勉強会」**を立ち上げました。皆さんも、一緒に講師として成長していきませんか？　詳細は私のホームページでも紹介しています。

・潮田、滋彦　公式サイト（トゥ・ビー・コンサルティング株式会社）

http://www.to-be-consulting.jp/

インストラクション勉強会（2016年4月、5月期）

※上の写真で私の隣で一緒に写っている人が、先ほどインタビューでご紹介した株式会社Flucleの種田成昭さんです。

いまは大阪や近県が中心ですが、同士が集まれば、東京でも福岡でも全国で開催できればと思っているのです！

受講した人が「学ぶって楽しいことなんだな」「成長するって、いいことだな」と実感できるような研修を作っていきませんか？

これこそが、まさに研修の本当の価値だと思うからです

同じ志の仲間とともに、お互いに「学ぶことに謙虚」であるグループ・・・。そんな会を目指しています。ぜひ、一緒にお互いを高め合っていきましょう！

秘訣 108

講師には、自分で改善点を見つけて謙虚に成長していく「自己改善機能」が必要不可欠である。

秘訣 109

自分の講師としてのマインドとスキルを成長させるために同じ志の人がいる勉強会などに参加してみよう。

4 「なんちゃって講師」卒業計画
～"売れっ子講師"になる日へのスケジューリング～

最後に、この本であなたが学んできたことを整理して、これからのことについて考えてみましょう。**講師にはスキルとマインドの両方が重要であることを実感した人も多いかと思います。**

・スキル面であなたが大切だと思ったことは何でしょうか?
・そのベースとして、講師としてどのようなマインドが重要でしょうか?
・あなたはどのような講師として活躍したいでしょうか?
・そして、あなたの5年後は、どのような存在になっていますか?

どれも重要な質問ですね。最後の質問は、講師としてだけでなく、人間力などを含めて**「人として」どういう存在として輝いているか**を考えてみましょう。

大切なことですので、ノートなどに、しっかりと書き出してみましょう。

そして、**目標にはしっかりと期限を決めましょう。具体的な行動は、いつ実行するのかも明確に決めましょう**ね。

秘訣110 あなたの学びとこれからの姿を明確にまとめよう。そして具体的な行動と日時を決めることが、実現のポイントである。

さて、ここまで「講師とは！」「研修とは！」と偉そうにお話してきた私ですが、実はそんなに順風満帆な講師人生を歩んできたわけではありませんでした。修羅場も経験しましたし、くじけそうになることもありました。

今でこそ年間220日もの研修をおこなっていますが、最初からそんなにうまくいくわけがありません。試行錯誤の結果として、今があるわけです。

そこで、私がまだ自力では食べていけない若い講師の頃におこない、その結果、講師としてある程度確立するに至った、成功への原動力についてお話したいと思います。

私が研修講師としての独立を目指したのは33歳の頃でした。まだまだ独立は夢でしかなかった状態だった私は、**10年計画**を立てたのです。

なぜ10年と設定したかというと、マネージャーとしての経験を踏まないで独立してしまったら、今後担当できる研修が限定されてしまうと思ったからです。

最初から私はオールラウンド（全方位型）の講師として活躍することを意図していました。もちろん、すでにそれなりの理論は知っていて語ることはできましたし、何かの専門を極めた講師を目指して勉強することもできたでしょう。

しかし、実際の現場経験や苦労のある人とない人では、説得力が全く違うのではないかと思いました。そして、20代から人材開発の部門でさまざまな研修を見てきた自分には、オールラウンドな講師で生きる道が自然だと思ったのです。

そこで、10年後に独立したときには**「企業のどの階層の研修にも自力で対応できるようになっていて、直ちに売れっ子講師として全国を飛び回っている」**姿になっていることをセットしました。そして、その間に何をしたらよいかを決めていきました。

「課長としての経験」、「研修を営業する経験」、「マネジメント研修講師の経験」、「エージェントの契約講師としての活動」、「ロジカルシンキングの修得」、「戦略理論の勉強」、「本の出版」などをサラリーマンのうちに実現するように目標を立てました。

すると、とるべき行動も明確となり、私は目標に向かってガムシャラに行動し続けました。10年後気が付いた時には・・・**全てがそのとおりになったのです。**私は目標通り、43歳で独立を果たしました。

これが私の10年計画です。そして今も、新たな10年後に向かって日々活動をしています。

私の場合は当時の自分の年齢を考慮して10年でセットしましたが、5年間でも良いのではないかと思います。**5年や10年という時間は、流されていればあっという間に過ぎていきますが、しっかりと目標を持っていれば、驚くほど長く充実した日々になります。**

歳を取ると毎日はあっという間に過ぎていく・・・とよく言われますが、私の場合は、**若い頃よりも一年を長く感じます。**おそらく**それだけの密度の日々を過ごしている**からだと思います。

秘訣 111

5年や10年という時間は、流されていればあっという間。常に明確な目標を持って、それを確認しながら生きていこう。

しっかりとしたゴール設定とそこに向かうための計画はとても重要です。そして、そのために行動をすることがなによりも重要になります。**何らかの行動をしなければ、何も変わらない**のですから。

「そうは言っても、毎日忙しいんだよ。行動の時間なんか取れないよ」という人もいることでしょう。そのとおりだと思いますが、**本当に全く時間がないのでしょうか?**

いえいえ、そんなことはありませんよ。実際、**私はこの本を年間220日の講師登壇**（研修は9時から17時がほとんどです）の中、全国出張をしながら**2カ月半で書き上げました。**

そう。**想いの強さが行動につながっていきます。**だからこそ自分のゴール設定は大切なのです。

秘訣112

「思いの強さ」が行動につながる。だからこそ、改めて自分のゴール設定をしっかりとおこなおう。

さて、ここで本書の本編は終わりです。

ですが・・・**一番大切なこと**をこの後のあとがきに書きましたので、あと少しお付き合いください。

あとがき

私には一つの信念があります。それは**「学ぶことや成長することは面白くワクワクすることであり、人生を豊かにしてくれるものだ」**というものです（この本の中でも何回か出てきましたね）。

研修やセミナーが企業の内部開催であれ、だれでも自由に参加できるものであれ、**学ぶことに価値を感じなければ、人は成長しようと思いません。**そして成長することや研修・セミナーに対して否定的な思いを持ってしまいます。

だからこそ、**講師の役割は重要**なのです。

職場内のＯＪＴや部下指導などでも全く同じです。**講師のマインドやスキルは、実はすべてのオトナに必要なものだ**と思うのです。

では、どうしたらよいでしょうか？

そう。この本の中でご紹介してきましたね。答えは、一方的に教え込むことではなく、上から目線で行うものでもなく、やらされで仕方なく行うものでもないのです。

受講者自身が主役になること。それこそが価値を生む重要なことであり、講師はそのサポート役なのです。つまりは、**講師とは「役割」**なんですね。

講師の本当の役割を理解し、それを実現する講師は、結果として世の中から必要とされていきます。つまり、**結果として売れっ子になる**のです。

「自分の当たり前」にはまるのではなく、他人のことをキチンと意識すること。お互いを尊重しあい、それぞれが学び合い成長し合える関係であること。そのような環境が本当に実現すれば、私たちが暮らす世界はきっともっと平和で輝いたものになると思います。

私は、理想論ではなく、真剣にそのようなことを考えています。

セッション5―3でご紹介した「インストラクション勉強会」ではこのようなことを定期的に話し合っております。開催は私の会社のホームページやFacebookのイベントページでご案内していますので、ご興味のある方は私あてにメッセージをいただければと思います。今後は、人数がまとまれば、大阪以外でも開催をしたいと意欲を持っています。

また、私の会社（トゥ・ビー・コンサルティング株式会社）では、この本の思いに共感していただける契約講師を随時募集しています。同じ想いをお持ちの方はぜひ本の感想と共にメッセージをくださいませ。
・トゥ・ビー・コンサルティング株式会社ホームページ
http://www.to-be-consulting.jp/

最後に、帯で本書へのご推薦をいただきました、箱田忠昭先生には大変感謝しております。先生にはいつもたくさんのことを学ばせていただいております。
また、読者の皆様、本書を最後までお読みいただきありがとうございます。
少しでも明日の仕事や生き方のヒントを感じていただきましたら嬉しいです。

本書により、本物の講師で満ちた世の中になりますように。

潮田、滋彦

2016年7月吉日

・著者プロフィール

潮田 、滋彦（うしおだ　しげひこ）

トゥ・ビー・コンサルティング株式会社 代表取締役。米国NLP協会認定NLPトレーナー、DiSC（行動特性分析）認定インストラクター、ハーマンモデル　認定ファシリテーター。大手エンジニアリング企業で海外営業職を経験後、企業内人材開発講師の道へ。独立を経て、27年間一貫して第一線の研修講師として活動中。講師実績として、一部上場企業を中心に250以上の企業や自治体にて、述べ12万人以上を指導。登壇時間は1万2000時間以上にも及ぶ。また、受講者の研修満足度が高く、研修のリピート率が95%を超える。現在も年間220日以上のペースで「学ぶことの楽しさ、成長することのワクワク感」を日本中のビジネスパーソンに伝えるために、全国を飛び回る日々を過ごしている。著書に『知恵の素～アイディアがどんどんわいてくる～』『速習！シンプルに文章を書く技術～読み手をならせる32のテクニック～』（共にPHP研究所)、『“思考停止人生”から卒業するための個人授業～年間5000人のリーダー職を生む、最強の思考法～』（ごま書房新社）ほか。

・潮田 、滋彦　WEBサイト
http://www.to-be-consulting.jp/

12万人を指導した“カリスマ講師”が教える
“売れっ子講師”になる112の秘訣

著　者	潮田 、滋彦
発行者	池田 雅行
発行所	株式会社 ごま書房新社 〒101-0031 東京都千代田区東神田1-5-5 マルキビル7F TEL 03-3865-8641（代） FAX 03-3865-8643
カバーデザイン	堀川 もと恵（@magimo創作所）
印刷・製本	倉敷印刷株式会社

ISBN978-4-341-08646-6 C0034